KB043301

세계에서 가장 위대한 건축 50

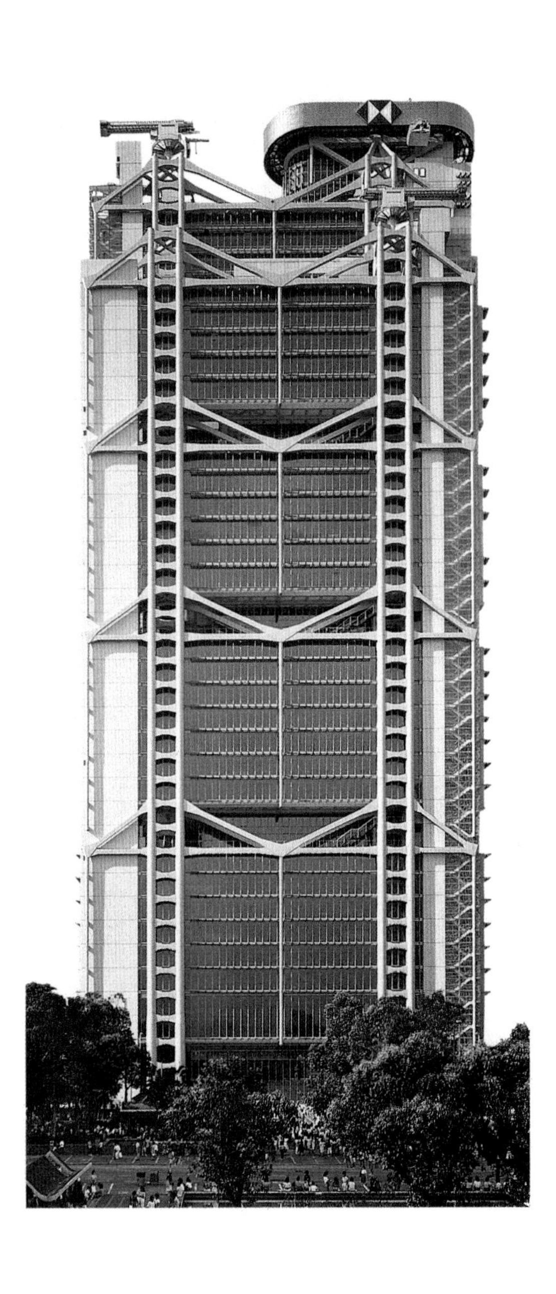

세계에서 가장 위대한 건축 50

닐 스티븐슨 지음 / 이영아 옮김

동녘

사그라다 파밀리아
72쪽

DK
A Dorling Kindersley Book
www.dk.com

Original Title : Architecture Explained

알람브라 궁전
34쪽

하워드 성
60쪽

세계에서 가장 위대한 건축 50

초판 1쇄 펴낸 날 | 2008년 12월 25일

지은이 | 닐 스티븐스
옮긴이 | 이영아
펴낸이 | 이건복
펴낸곳 | 도서출판동녘

전무 | 정락윤
주간 | 이희건
편집 | 곽종구 이상희 김현정 방유경 구형민 이정신
디자인 | 김지연 김현주
영업 | 이재호
관리 | 서숙희 곽지영
전산 편집 | 하나디자인

등록 | 제311-1980-01호 1980년 3월 25일
주소 | (413-756) 경기도 파주시 교하읍 문발리 파주출판도시 532-5
전화 | 영업 031-955-3000 편집 031-955-3005 전송 031-955-3009
홈페이지 | www.dongnyok.com 전자우편 | planner@dongnyok.com

ISBN 978-89-7297-570-0 03610

* 잘못 만들어진 책은 바꿔 드립니다.
* 이 도서의 국립중앙도서관 출판시도서목록(CIP)은 e-CIP
홈페이지에서 이용하실 수 있습니다. (CIP 제어번호 : 2008001951)

크라크 데 슈발리에
30쪽

퐁피두 센터
96쪽

차례

홍콩 상하이 은행
100쪽

킹스칼리지 예배당
40쪽

슈투트가르트 미술관
98쪽

건축을 보는 방법

파르테논 신전 (BC 447~432)
고대 그리스 · 로마의 유물들은 서양 건축에 지속적으로 영향을 미쳤다. 파르테논 신전은 고대 그리스의 미학적 우아함을 개략적으로 보여준다.

영화, 텔레비전, 책, 잡지들을 통해 우리는 세계의 위대한 역사적 건축물들을 피상적으로나마 알고 있다. 순례, 무역, 관광 등 해외여행을 떠날 수 있는 기회가 늘어나면서, 많은 사람들이 이러한 건축물을 직접 볼 수 있게 되었다. 우리 주변에 있는 일상적인 건물들도 그들과는 다른 친근함을 준다. 어느 경우든, 잠시 숨을 돌리고 설명을 들으면서 그 건물을 다시 바라볼 때 우리는 호기심을 채우고 폭넓은 지식을 얻을 수 있다. 건축을 보는 눈을 가지려면 건물에서 한 발짝 물러나 객관적인 잣대를 가지고 건물의 물리적인 측면을 생각할 줄 알아야 한다.

친근함 이 책은 건축의 형식, 전체적인 구성, 재료 및 건설 방식, 구조의 원리, 양식적 · 장식적 특징 등을 살펴본다. 이 책에서 다루는 건물들은 대부분 사람이 살지 않는 조형적인 건축물이다. 이들을 감상하는 데 중요한 요소인 건물의 '기능'과 '맥락'을 살펴보는 것이 이 책의 취지다. 따라서 건축물이 '본래 장소에서' 어떻게 사용되고 있는지 살펴볼 때 건축물을 더욱 쉽게 이해할 수 있을 것이다.

건축은 '사용 중'인 상태로 우리에게 전해지며 끊임없이 발전하는 과정을 겪는다. 이 때문에 원형이 흐려지기도 하지만, 동시에 후대의 발전과 문화적 준거를 그대로 드러내기도 한다. 면밀하게 살펴보면 건축물은 수정과 재건의 결과를 보여준다.

당황스러울 정도로 방대한 역사적 양식들을 이해하기 위해 어떤 건축 연구든지 분명한 출발점과 구체적인 방향을 가지고 진행된다. 서양 건축사는 고대 이집트와 그리스, 로마 제국의 복원된 단편에서부터 출발한다. 서양의 관점은 전통적으로 고전 건축과 그리스 · 로마 양식에 치우쳐 있다. 19세기까지 고딕 양식의 건축은 미개한 암흑시대의 산물로 여겨졌다. 19세기에 중세 세계에 대한 학구적인 관심이 부활하면서, 비잔틴과 로마네스크 전통을 인지하는 등 유럽 고딕 양식의 발전이 하나의 영역으로 분류되었다. 산업혁명에 자극을 받아 20세기 초반에 시작된 현대 건축은 복고적인 경향과 반(反)역사적인 경향으로 양극화되었다. 전자가 낭만주의적 과거를 이상화한 반면, 후자는 백지 위에서 완전히 새로운 시작을 구상했다. 그러나 포스트모더니즘 문화는 좀더 다원적이라, 같은 문화적 출발점에서 수많은 다른 관점을 동시에 끌어낸다.

산 피에트로 교회의 템피에토 (1502~1510)
르네상스 건축은 수학적 질서와 조화로운 비례를 통해 새로운 표현을 추구하면서 고전주의적인 건축의 표현 방식을 확장했다.

현존하는 증거 현존하는 증거로 인해 우리는 건축사를 편파적으로 해석하게 된다. 기념비적인 석조 건축물을 보다 중시하는 이유는 썩지 않는 특성 때문이기도 하다. 점점 정교해지는 고고학적 분석 방법들은 인공 환경의 건설에 목재, 직물, 진흙 등을 사용하거나, 또는 이 재료들을 사용했던 다른 문화들을 새롭게 통찰하고 있다. 역사, 특히 건축사는 현존하는 유물이 존재하기 때문에 가능하다. 한 사회의 물리적인 자취는 그것이 중요성을 잃었다 해도 여전히 우리의 상상력을 자극한다.

어떻게 볼 것인가 17세기에 영국의 여행가, 학자, 시인이었던 헨리 워턴 경(1568~1639)은 건축은 '견고함, 편리함, 즐거움'을 꼭 갖추어야 한다고 했다. 여기서 '견고함'은 건물을 지지하고 세우는 방법을 가리키며, '편리함'은 목적에 부합하는 설계를, '즐거움'은 완성된 모습에 대한 감정적 반응을 가리킨다. 서양의 산업사회에 발맞추어 조금씩 입장이 달라지긴 했지만 건축에 대한 그의 정의는 오랫동안 영향력을 발휘했다.

19세기에 미국의 건축가 루이스 설리번(1856~1924)은 급속도로 산업화되는 사회가 요구하는 새로운 건물 유형을 언급하면서, "형식보다 기능이 우선한다"고 주장했다. 20세기에 르 코르뷔지에(1887~1966)는 건축을 "빛 속에 볼륨들을 숙련되고 정확하고 장엄하게 모으는 작업"이라고 정의하며 건축의 형태를 정신적 차원으로 끌어올렸다. 그러나 사회가 이런 새로운 생각을 항상 재빠르게 받아들인 것은 아니었다. 예를 들어, 고대 이집트 건축이 천천히 발전한 것은 특정한 건축 유형을 꾸준히 발전시키고 신성하게 여겼기 때문이다. 오늘날 우리의 시각은 훨씬 더 즉각적이다. 따라서 건물의 구축 방식과 기능, 형태를 분석하는 것은 시대의 흐름에 따라 이루어진 건축적 발전을 추적하는 데 도움이 된다.

기술을 세밀하게 연구하면 많은 것을 알아낼 수 있어 매력적이긴 하지만 현대적인 시각에 치우치기 마련이다. 많은 역사적 건축물이 지닌 정신적 가치는 건물을 직접 지었던 사람들에게 건물을 짓는 방법보다도 훨씬 중요했다. 고대 건축물들에 사용된 기술은 익히 알려져 있지만, 건축적 명성은 건설자의 이름이나 건축 방식보다는 건축물의 의뢰인과 기념적인 측면에 따라 결정된다. 건축 방식이 변하기 시작한 르네상스 시대에는 예술가의 지위가 높아지면서 개인 숭배, 개인의 스타일, 건축 유파가 더 뚜렷해졌다. 상세한 모형을 동반한 평면도, 입면도, 단면도와 같은 관습적인 제도들은 건축물을 단 한 명의 고객에 맞춰 건축하고, 단 한 명의 건축가가 감독하는 하나의 통합된 작품으로 개념화하기 시작했다. 런던의 세인트 폴 성당(58쪽 참고)은 그러한 개념 아래 영국 르네상스의 절정기에 지어진 최초의 대성당이었다. 건축 계획이 점점 더 급박하고 복잡해짐에 따라, 건축물을 표현하는 데에도 더 공격적이고 효과적인 방식이 사용되었고 정량화를 도입했다. 단순한 기술을 사용하는 다수에게 의지하는 고대의 관행은 정교한 방식과 독특한 해결책에 따라 소수가 참여하는 현대적인 방식으로 바뀌었다.

적절한 기술과 자기 유지 능력 문제는 건물의 외관과 기능에 결정적인 영향을 미친다. 건축물의 창조와 보수에 사용된 경이로운 힘은 철저한 통제를 받았다. 컴퓨터를 사용할 수 있게 된 환경에서 설계의 기술이 그러하듯, 환경 문제는 얼마간 건축계의 논쟁점이 될 수밖에 없다. 이러한 방향 전환은 가치에 상관없이 모든 것을 보존하려 하는 몇몇 사회의 보수적인 경향을 극복하는 데 도움이 될 것이다. 배경과 환경을 인지하는 다른 사회에서는 풍토와 문화를 적절히 고려한 건축물이 지어질 것이다. 두 경향 간의 불균형이 심해지면 우리 시대가 건축 유산에 기여한 바가 퇴색할지도 모른다.

되풀이되는 주제들 건축의 주기적인 발전 과정 가운데 반복적으로 나타나는 유익한 주제들이 있다. 예를 들어, 돔(dome)은 여러 문명에서 자주 등장하는 건축적 표현이다. 돔은 가장 촘촘한 밀폐 단위인

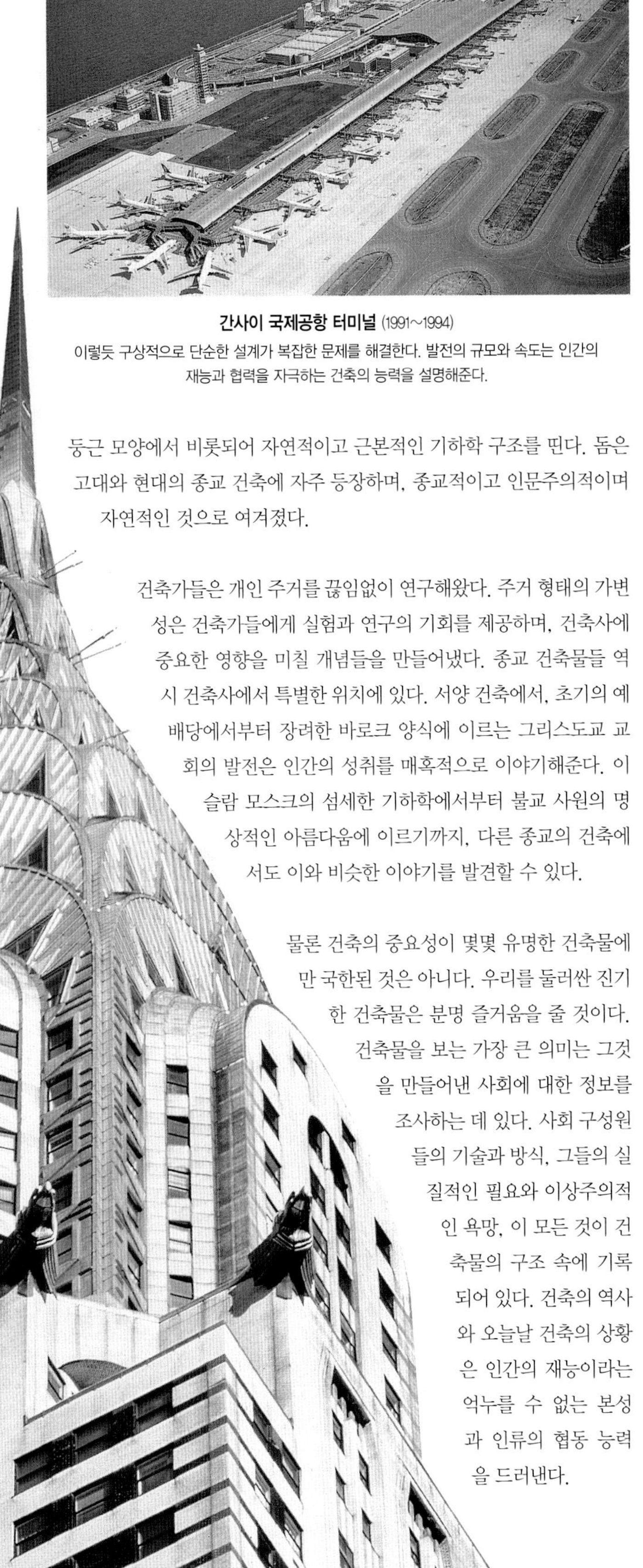

간사이 국제공항 터미널 (1991~1994)
이렇듯 구상적으로 단순한 설계가 복잡한 문제를 해결한다. 발전의 규모와 속도는 인간의 재능과 협력을 자극하는 건축의 능력을 설명해준다.

둥근 모양에서 비롯되어 자연적이고 근본적인 기하학 구조를 띤다. 돔은 고대와 현대의 종교 건축에 자주 등장하며, 종교적이고 인문주의적이며 자연적인 것으로 여겨졌다.

건축가들은 개인 주거를 끊임없이 연구해왔다. 주거 형태의 가변성은 건축가들에게 실험과 연구의 기회를 제공하며, 건축사에 중요한 영향을 미칠 개념들을 만들어냈다. 종교 건축물들 역시 건축사에서 특별한 위치에 있다. 서양 건축에서, 초기의 예배당에서부터 장려한 바로크 양식에 이르는 그리스도교 교회의 발전은 인간의 성취를 매혹적으로 이야기해준다. 이슬람 모스크의 섬세한 기하학에서부터 불교 사원의 명상적인 아름다움에 이르기까지, 다른 종교의 건축에서도 이와 비슷한 이야기를 발견할 수 있다.

물론 건축의 중요성이 몇몇 유명한 건축물에만 국한된 것은 아니다. 우리를 둘러싼 진기한 건축물은 분명 즐거움을 줄 것이다. 건축물을 보는 가장 큰 의미는 그것을 만들어낸 사회에 대한 정보를 조사하는 데 있다. 사회 구성원들의 기술과 방식, 그들의 실질적인 필요와 이상주의적인 욕망, 이 모든 것이 건축물의 구조 속에 기록되어 있다. 건축의 역사와 오늘날 건축의 상황은 인간의 재능이라는 억누를 수 없는 본성과 인류의 협동 능력을 드러낸다.

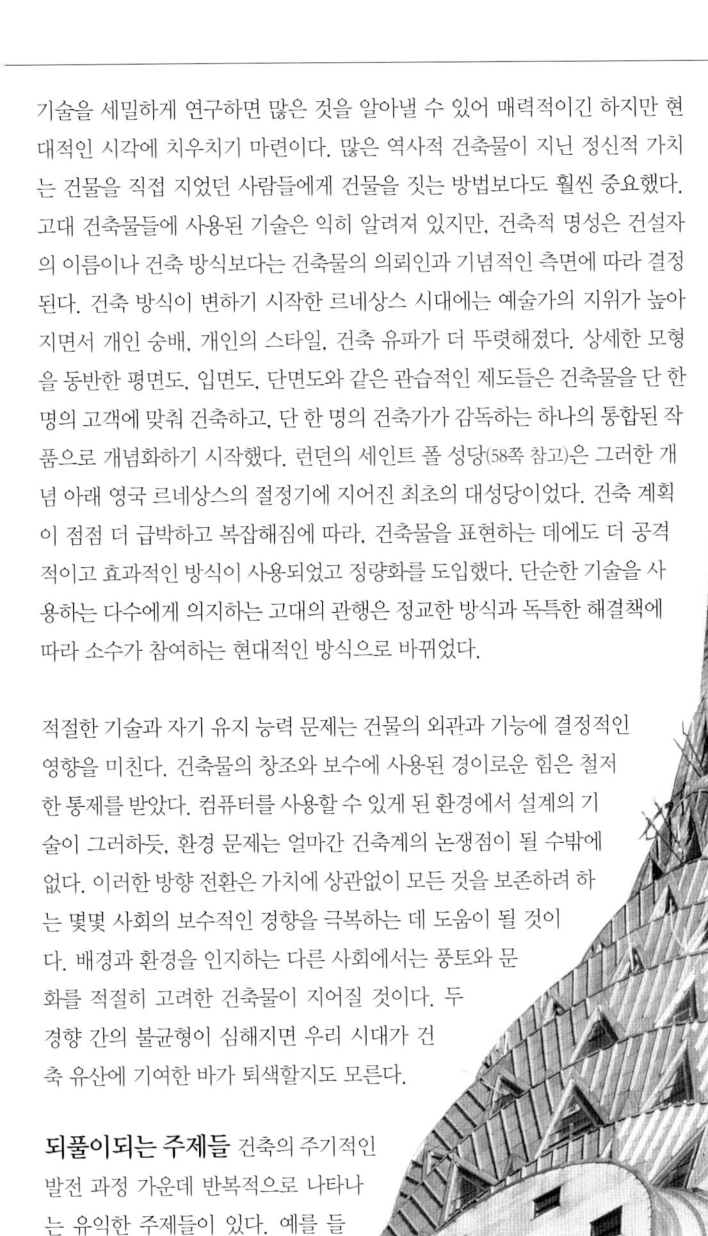

크라이슬러 빌딩
(1928~1930)
1930년대의 마천루들은 기념비적인 건축물에 지속적으로 기여했다. 지난 몇십 년간 이루어진 건축의 발전을 보면 창조성과 기술 진보에 대한 현대인들의 관심을 알 수 있다.

아문 신전, 카르나크

고대 이집트인들은 원시적인 연장과 노예의 노동력만으로 역사상 가장 많은 건축물을 지었다. 그들은 신전과 같은 역사적인 건축물들을 지어 심원한 종교적 신념에 따라 자신들의 신들을 기리고 달랬다. 신들을 비롯해 조상 대대로 내려오는 숭배 대상에게 바친 신전들은 큰 계획에 맞추어 주기적으로 개축되고 단계별로 세워졌다. 이집트 카르나크의 아문 신전은 나일 부두지구와 근처의 룩소르 신전 유적에 연결된 행로를 따라 건물들이 배치되어 있다. 연이어 있는 개방 정원들과 다주실(多柱室)을 지나면 지성소에 이른다. 다주실의 중앙로에는 채광창이 달려 있고, 둘러싼 기둥들이 광대하고 어두운 내부로 쭉 이어져 있다. 내부 지성소에는 파라오와 사제들이 비밀스런 의식을 통해 섬기는 창조신, 아문의 성상이 모셔져 있다. 1,200년 동안 지어진 21만 440㎡의 경내는 영생을 얻으려는 파라오 왕가의 고투를 기념비적으로 기록하고 있다.

장식

다주실 전체의 원주와 표면은 왕조의 승리, 의식 및 일상생활의 장면들을 표현한 화려한 색채의 부조로 조각되어 있다. 그림 조각들, 조각 상들, 조각된 벽판들은 끊임없이 손상되었고, 식별할 수 있는 상형문자들도 자신의 혈통과 개인 숭배를 강화하려는 후대 파라오들의 손에 훼손당했다.

탑문들

탑문은 점토질 벽돌과 흙으로 만든 경사로로 돌덩어리들을 끌어올려 세웠다. 바깥 탑문(가운데)은 완공되지 못했고, 경사로 구조물의 일부가 남쪽 탑문들의 안쪽 벽에 남아 있다.

신전은 비옥한 나일 계곡의 가장자리에 자리 잡았다. 건축 자재는 강을 따라 운반되었고, 운하를 통해 카르나크로 들어갔다. 파라오들의 무덤은 강의 범람원에서 멀찍이 떨어진 안전한 곳에 자리한다.

스핑크스 거리

고대의 운하 부두지구에서 바깥 탑문으로 가는 길에 석조 스핑크스들이 줄지어 있다. 아문 신의 신상은 격식을 차린 엄숙한 행렬로 호위를 받으며 거리를 지나 거룻배로 옮겨져 다른 신성한 신전 유적으로 정기적인 순례 길에 올랐다.

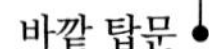

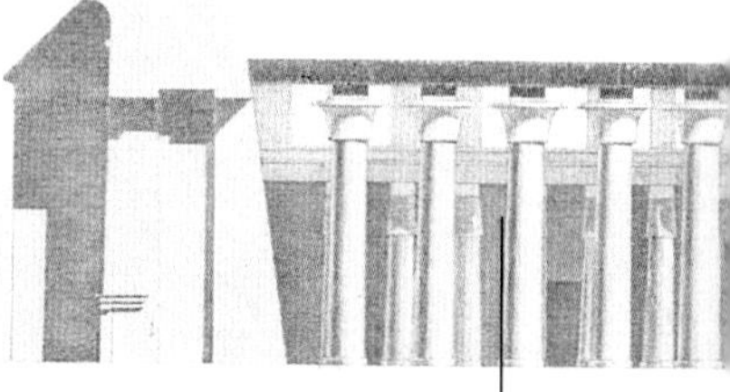

바깥 탑문

42.6m 높이의 바깥 탑문에는 거대한 삼각 깃발이 달린 나무 장대가 있어 신전 입구를 표시했다.

외부 정원

외부 정원에 있는 타하르카의 키오스크는 공적인 예식에 쓰이던 장소로, 일반인은 접근할 수 없었다.

다주실

다주실에는 122개의 원주가 있고, 중앙 복도에는 22m 높이의 원주들이 열두 개 있다.

람세스 2세

람세스 2세는 이집트 제19왕조의 세 번째 왕이었다. 그의 67년 치세(BC 1304~1237)는 이집트 황제권의 마지막 절정기이자 이집트 역사상 두 번째로 긴 재위 기간이었다. 람세스는 군인으로서의 명성과 전쟁에서 무용으로 위대한 왕이라는 신망을 얻었고, 그의 전쟁 공훈은 이집트와 누비아 전역에서 증명되었다. 치세 초기에 카데시 전투에서 패배한 후 람세스는 수많은 전쟁을 일으켜 잃어버린 지역을 수복하고 새로운 땅을 정복했다. 또한 수많은 신전을 건설하고, 아부 심벨의 절벽을 깎아 만든 장려한 여섯 개의 신전 중 두 개와 카르나크의 다주실을 짓는 등(그 중 하나는 그가 총애한 첫 여왕 네페르타리에게 바쳐졌다) 거대한 건축 프로젝트를 단행했다.

공사

건물은 점차 흙으로 메워져, 석재들과 대들보를 세울 기단이 되었다. 완공이 되자, 건물은 내부의 볼륨을 드러내기 위해 파내어졌다.

중심축

주요 홀과 내부 정원은 중심축을 따라 배치되어 있지만, 경내는 나중에 옆으로 확장되어 출입구와 의식용 건물들, 기념적인 구조물들이 추가로 지어졌다.

다주실

다주실은 예전에는 석조 지붕에 덮여 있었고, 높은 중앙 복도를 따라 격자무늬의 석조 채광창을 통해 빛이 들어왔다. 복도에는 지름이 3.6m인 주기둥 열두 개가 측면에 서 있다. 양쪽으로 아홉 개의 원주들이 일곱 줄로 서서 어둠 속으로 물러나며 무한 공간의 효과를 낸다.

하트셉수트의 오벨리스크

원래 금으로 입혀졌던 29m 높이의 오벨리스크는 거룻배로 부지까지 운송되었다. 오벨리스크는 경사로와 지레를 사용하여 모래 구덩이 안으로 올렸다가, 위치를 정하는 대좌 위로 다시 내려졌다.

신전 내의 생활은 일출과 일몰, 행성의 주기, 나일 강의 범람에 따라 통제되었다. 종교적인 의식과 창조, 불멸에 대한 믿음은 어두운 내부와 밝은 내부 정원이 번갈아 가며 나타나는 공간으로 상징되는 어둠과 빛의 심상으로 표현된다.

- **위치** 이집트 카르나크
- **건축 연도** BC 1530~323년
- **다주실의 높이** 24m
- **건물 구조** 석조

성스런 호수

사제가 날마다 목욕재계를 했던 인공 호수. 신전에 제물로 바치는 새들의 사육장으로도 쓰였다.

내부 정원

오벨리스크들이 양쪽에 서 있는 탑문 출입구들은 내부 정원으로 들어가는 입구가 된다.

지성소

지성소에는 아문의 성상이 있다. 배에 자리 잡은 성상은 목욕 의례를 행하고, 기름을 바르고, 음식 공물을 받는다.

식물의 방

신전에서 가장 오래된 곳은 투트모스 3세의 식물의 방이다. 벽은 왕국에 알려진 모든 종의 동식물들로 장식되어 있다.

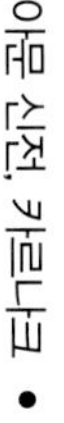

파르테논 신전

익티누스와 칼리크라테스가 설계한 파르테논 신전은 아테네의 아크로폴리스 꼭대기에 있다. 고대 그리스 시대의 최고 기념비인 이 건축물은 도리스식 신전에서 느낄 수 있는 가장 우아한 자태를 보여준다. 신전은 가로 31m, 세로 69m의 직사각형 모양으로 설계되었다. 동서로 여덟 개, 남북으로 열일곱 개의 기둥이 배치된 열주랑은 입방체의 마름돌 벽들로 구성된 두 개의 방을 담고 있다. 내부에 열주가 있는 더 큰 방인 나오스에는 수호여신인 아테나 상이 있었다. 펜텔리코스 산에서 채석한 이 지방 특유의 흰색 대리석은 빈틈없는 세부 처리와 프리즈 및 포티코의 조각된 부조 벽판에 완벽한 재료였다. 정확한 정렬을 유지하기 위해서 건물은 엔타시스라는 비례와 기하학의 엄격한 정밀함을 지켜야 했다. 전체 외형은 수직선과 수평선으로 보이지만, 사실 원근감 때문에 생기는 착시를 바로잡기 위해 일부러 구부러지고 기울어진 면으로 설계되었다.

페리클레스

5세기 아테네의 정치가인 페리클레스(BC 약 495~429)는 기원전 450년경부터 죽을 때까지 아테네를 다스렸다. 페리클레스 치세에 그리스의 건축과 조각은 절정에 달했다. 그는 종교건물과 공공건물을 아우르는 광범위한 공공건축 사업으로 가장 유명하다.

엔타블러처

기둥 위에는 넓은 주두와, 대들보의 장력을 덜어주는 아바쿠스라는 얇은 석판이 올려져 있다. 이 그리스식 구조물의 단순한 기둥-상인방 구조는 목조건축으로 발전한 고대 원리를 석조에 적용한 것이었다.

- **위치** 그리스 아테네
- **건축 연도** BC 447~432년
- **건축가** 익티누스, 칼리크라테스
- **건물 구조** 석조, 펜텔리코스 대리석
- **건물 구분** 신전

바깥쪽 끝에 있는 기둥들

바깥쪽 끝에 있는 기둥들은 가운데 있는 주 기둥들보다 간격이 더 좁게 배치되었고 지름이 더 크다. 또한 기둥이 밖으로 기울어져 보이지 않도록 하기 위해 신전의 중앙을 향해 대각선으로 기울어져 있다. 다른 기둥들은 수직에서 6cm 안쪽으로 기울어져 있다.

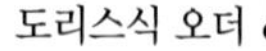

도리스식 오더

기둥들은 도리스식의 기념비적인 비례를 지니고 있다. 흰색의 펜텔리코스 대리석으로 만든 드럼(돌을 받치는 원통형 구조물)은 현장에서 홈이 새겨졌는데, 그림자 선과 입체적인 구성을 강조하기 위해 홈은 꼭대기 쪽으로 갈수록 깊어진다.

파르테논 프리즈

대리석 판에는 아테네 기사들의 행렬, 신과 신화적 인물들 사이의 다툼, 그리스인들과 아마존들의 영웅적 전투 장면들과 트로이의 공격 장면들이 묘사되어 있다. 사진 속의 프리즈에는 아테나를 기리는 파나테나이아 축제를 위해 아크로폴리스로 가는 숭배자들의 행렬을 주제로 한 조각이 새겨져 있다. 이 프리즈 판은 1801년에서 1803년 사이에 건물에서 떼어냈다.

아크로폴리스

성스러운 방어지인 아크로폴리스에는 그리스 시대를 대표하는 가장 인상적인 기념물들이 있다. 서양 건축에서 아크로폴리스는 이상적인 시민 사회의 전형이 되었다.

엔타블러처

엔타블러처는 나비 넥타이 모양의 꺾쇠로 연결되는 상인방들로 이루어져 있다. 상인방은 깎아서 작은 면을 낸 굽은 측면을 지니고 있으며, 가운데 쪽으로 6cm 부풀어 있다.

프리즈

대리석 프리즈는 나오스 벽의 내부 엔타블러처 윗면을 따라, 열주랑 천장 바로 밑에 새겨졌다.

아테나 조각상

나오스에는 조각가 피디아스가 만든 수호 여신 아테나 상이 우뚝 서 있었다. 금과 상아 판으로 만들어진 12.8m 높이의 신상은 해가 뜨면 중앙의 동쪽 출입구로 들어오는 빛을 받았다.

계단

계단의 측면은 가운데가 불룩하게 나와 굽어 있다. 디딤판은 위쪽으로 약간 기울어 있다. 원근법 때문에 생긴 착시현상을 수정하는 장치들이 기하학적으로 복잡한 건축물을 만들어낸다.

높은 돋을새김으로 새긴 프리즈의 부조 조각들은 밑에서 봤을 때 축소되어 보이는 현상을 바로잡기 위해 벽판의 꼭대기 쪽으로 더 깊게 파여 있다.

엔타시스

위로 올라갈수록 점점 가늘어지는 기둥들은 전체 높이의 2/5 정도 되는 부분이 볼록하게 부풀어 있다. 이것은 일자형 기둥이 측면에서 오목하게 보이는 착시현상을 바로잡아준다.

콜로세움

로마 황제 베스파시아누스는 폭력적이면서도 긴장감 넘치는 오락거리를 원하는 대중들의 욕구를 충족시키기 위해 엄청난 규모의 원형 경기장을 건축하도록 명령했다. 로마의 콜로세움은 로마 제국의 권력과 조직을 떠오르게 하는 공공건물이었다. 콜로세움에서 벌어지는 경기는 점점 더 참혹한 구경거리로 변해갔고, 제국 전역에서 검투사, 희생자, 동물들이 몰려왔다. 경기가 한 번 치러질 때마다 5,000쌍에 달하는 검투사들과 5,000마리의 동물들이 5만 명의 관중들 앞에서 학살당했다. 황제의 인기는 경기의 성공 여부로 판가름되었고, 검투 경기는 경기를 연출할 물자가 부족할 정도로 제국이 몰락할 때까지 계속되었다. 콜로세움은 교대제, 조립식 제조, 단위식 건축, 정교한 기계 등 20세기의 시공 과정에서도 사용했던 숙련된 시공자들의 조직적인 기술과 재주 덕분에 신속하게 지어질 수 있었다.

'콜로세움'이라는 이름은 건물의 규모 때문이 아니라, 그전에 있던 네로의 황금저택 경내에 세워진 네로 거상이 근처에 있어서 생긴 것이다.

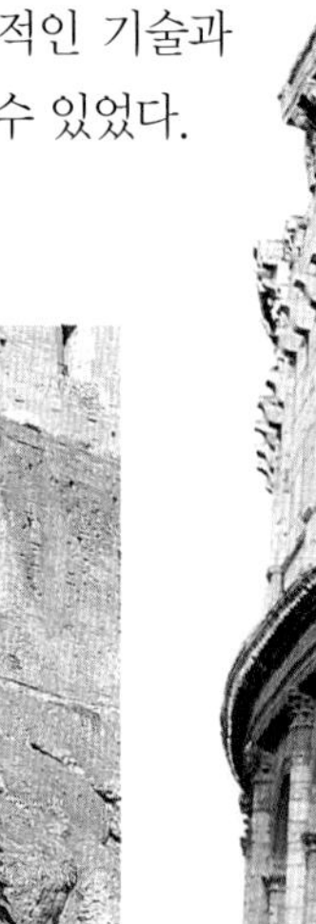

관중석

석조 내력벽들과 중앙에서 방사 형태로 퍼지는 외부 벽기둥은 층층이 만들어진 관중석을 지탱한다. 관중석의 층진 구조 덕분에 기울어진 단면을 따라 자재를 올리고 각 층의 비계판 위에 받쳐, 더 빠른 속도로 공사할 수 있었다.

돌출 브래킷

한때 목조 기둥과 커다란 캔버스 천막(후에는 자수를 놓은 비단으로 만들어졌다)이 있었던 돌출 브래킷은 위층에서만 볼 수 있다. 천막은 직사광선에 노출된 자리를 가리는 데 쓰였다.

피어들

80개의 육중한 피어들은 외부벽을 지탱하며 내부 피어들과 콘크리트 볼트로 구성된 벽과 연결된다.

• 위치	이탈리아 로마
• 건축 연도	70~82년
• 높이	48m
• 건물 구조	석조, 벽돌조, 콘크리트조
• 건물 구분	공용 원형 경기장

외벽 하나만 짓는 데에도, 특별히 만들어진 길을 통해 티볼리에서 운반된 29만 2,000대 짐마차 분량의 석회암이 들었을 것으로 추정된다.

3/4 기둥들

외벽에 붙어 있는 3/4 기둥들은 순전히 장식용이다. 그리스 건축을 대충 본뜬 양식으로, 층들을 관통하면서 돌출되어 있다.

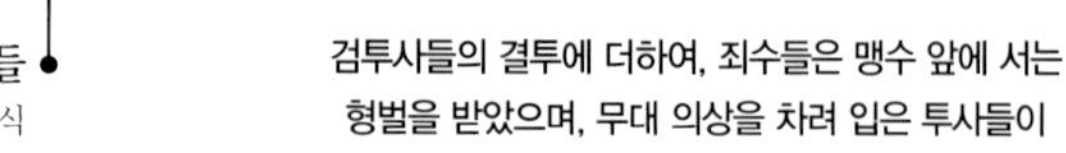

검투사들의 결투에 더하여, 죄수들은 맹수 앞에 서는 형벌을 받았으며, 무대 의상을 차려 입은 투사들이 신화적이고 역사적인 전투를 연출했다.

건축 재료

하중의 정도에 따라 다양한 건축 재료가 사용되었다. 강도가 높은 돌은 외벽의 벽기둥에, 더 가벼운 벽돌과 석재는 경기장 가까이에 쓰였다. 콘크리트(14쪽 참고)는 아치로 된 층들과 둘레의 회랑에 널리 쓰였다.

베스파시아누스 황제

티투스 플라비우스 베스파시아누스(9~79)는 69년부터 10년 동안 로마를 다스렸다. 이탈리아의 비천한 가문 출신인 그는 아프리카에서 속주총독(63~66)을 지냈고, 팔레스타인에서 승전을 이끌었다(67~68). 68년에 네로가 죽자 플라비우스 왕조의 창시자가 되어, 이듬해에 황제가 되었다. 국가 개혁 정책과 함께 그의 제국 통합은 정치적 안정을 가져왔으며, 광대한 건축 계획에 착수했다. 콜로세움과 함께 자신의 포룸과 평화의 신전을 지었다(71~79).

관객

객석은 신분에 따라 구분된 입장권으로 자리가 정해지는 오르막 계단식 좌석에 5만 명을 수용했다. 경기장은 로마 사회의 계급 제도를 반영하고 있는데, 황제와 그 수행원들은 높은 앞자리에 앉고, 노예, 외국인, 여자는 위층에 앉았다.

제막 경기

이 건물은 아주 짧은 기간에 완공되었다. 첫 경기는 80년에 열렸지만, 당시 위층은 미완공 상태였을 것이다.

뱃사람들이 윈치로 감아올린 광대한 천막은 여름의 뜨거운 열기를 막아주었다.

벽

원래 회벽으로 덮여 있던 벽들은 납과 청동 꺾쇠로 고정된 모르타르 토대 위에 석회암 벽돌을 쌓은 구조를 드러낸다. 상부는 더 가벼운 벽돌 쌓기와 탄산 석회암으로 지어졌다.

배를 매기 위해서 포장된 바닥에 완만하게 기울여 설치한 석회석 기둥은 천막을 올리는 데 필요한 도르래 장치의 고정 · 견인 장치가 되어주었을 것이다.

출구들

많은 출구(vomitoria)들은 위층으로 통하는 계단의 출입구가 되었다. 매우 효율적으로 설계된 이 출구를 통해 최대 수용 인원 5만 명이 3분 안에 빠져 나갔을 것으로 추정된다. 아치형 입구 위에 표시된 일련번호는 좌석의 위치를 가리킨다.

위치

콜로세움은 과거 네로의 황금저택이 있던 호수 부지 위에 세워졌다. 호수의 물은 하수도를 통해 티베르 강으로 배출된다.

무너진 벽

벽의 많은 부분들이 무너지거나 사라졌다. 검투사 경기가 더 이상 열리지 않게 되면서 이 건물은 건축 재료의 원천이 되어, 로마 전역의 여러 건축 계획에 재활용되었다.

경기장 전체에 1.5m 깊이로 물을 채워 해전을 흉내 내기도 했다

판테온

로마 제국 시대에는 건축과 공학 기술의 발전이 계속 진행되었다. 기존 그리스 건축 양식에 힘입었다 해도, 로마인들은 다양한 건축 유형, 공간의 복합성, 그리고 제국 전체의 단결을 일궈낸 통합 도시 계획을 통해서 그들만의 새로운 표현 형식을 발견해냈다. 앞선 시기 에트루리아족 건축에서 활용된 순수한 아치 구조의 잠재성은 로마 건축에서 볼트와 돔이라는 논리적인 결과물로 나타났다. 이 구조는 그리스의 기둥-상인방 구조가 지닌 한계를 뛰어넘으며 새로운 건축 형식의 가능성을 제시했다. 체계적인 토목공학 방식은 지역 자원을 개발하고 건축 자재를 만드는 데 사용되었다. 현존하는 로마 시대 건축물 가운데 가장 인상적인 판테온은 돔 형식의 콘크리트 셸 구조로 지어졌다. 판테온은 7세기에 교회로 탈바꿈한 덕에 제대로 보존될 수 있었는데, 43.4m에 달하는 건물의 놀라운 스팬은 19세기까지도 비교할 만한 것이 없었다.

포티코

판테온은 신전 건축에 사용되었던 포티코 부분을 그대로 가져온다. 이로써 건물의 연대와 속성이 혼란스러워졌다. 그러나 로툰다의 벽돌에 찍힌 공급자 인장은 건축 연도가 하드리아누스 황제 치세(117~138) 초반임을 확인해준다.

• **위치**	이탈리아 로마
• **건축 연도**	120~124년
• **돔의 지름**	43.4m
• **건물 구분**	신전
• **공사 기간**	4년

골재

돔 전체에 사용된 다양한 골재들은 콘크리트 속에 층층이 쌓였다. 가벼운 부석은 중심 부분의 무게를 줄이기 위해 상부에 사용되었고, 무거운 골재들은 더 큰 압력에 견뎌야 하는 기초 부분에 사용되었다.

포치

여덟 개의 독립적인 기둥이 포치 위의 넓은 석조 페디먼트를 받치고 있다.

로마의 콘크리트 기술은 경제적이고 조직적이며 신속했다. 적은 수의 숙련된 목공들은 목재 거푸집(콘크리트의 형태를 만드는 틀)을 만들었고, 미숙련 인부들은 콘크리트를 운반하고 발랐다.

기둥

이집트산 화강암 기둥들은 흰색 대리석 주초 위에 코린트식 주두로 지어졌다.

건물은 원래 여덟 개의 계단을 통해 들어가도록 되어 있었다. 하지만 주변 지역의 바닥이 높아지면서 건물은 약간 함몰된 땅에 남게 되었다.

구형 볼륨

돔의 높이는 평면의 지름과 같다. 이것은 돔 내부의 볼륨이 특별한 우주론적 의미를 지닌 완벽한 구형을 담을 수 있는 공간이었음을 암시한다.

건물의 형태는 로마의 우주론을 직접적으로 표현한다. 돔은 태양의 중심이 비추는 하늘의 둥근 천장을 상징한다.

하중을 떠받치는 아치

벽 구조체에 끼워진 벽돌 아치는 돔에서 벽으로 내려오는 하중을 분산시켜, 내부 버트레스 역할을 한다. 벽돌은 벽, 아치, 볼트, 돔에 공통으로 사용되었다. 중요한 건물에는 벽돌에 단단한 치장 벽토를 칠했고, 좀더 화려하게 하려면 돌과 대리석을 정교하게 배치하여 벽돌에 붙인 다음 청동 꺾쇠와 못바늘로 고정했다.

하드리아누스 황제

하드리아누스(76~138)는 117년에 로마 황제가 되었다. 그리스 문화의 열렬한 찬양자이자 후원자였던 그는 시인 겸 건축 설계자로도 유명했다. 로마 외곽 티볼리의 빌라(124)와 로마의 베누스 신전(135)은 주로 그의 설계에 따라 지어졌다.

정간으로 장식된 천장

우물 정(井)자 형태는 더 낮고 움푹한 몰딩을 강조하여, 바닥에서 볼 때 생기는 원근법적인 왜곡을 상쇄한다.

콘크리트

공사 동안에는 콘크리트가 굳을 때까지 목재 거푸집이 돔을 받쳤다.

지붕선

건물은 반구형 돔에 덮인 3층 원통형이다. 돔을 두텁게 두르고 있는 재료가 외부 추력을 억제한다.

로마인들은 돔과 볼트의 양끝을 연결하는 거대한 일체식 셸 구조를 만들기 위한 재료로 콘크리트를 도입했다. 로마의 콘크리트는 석회에 '포촐라나'라는 화산회를 섞은 것이었다. 건물 안팎의 외피를 이루는 벽돌로 쌓은 면들 사이사이에 부서진 지붕 타일과 같은 골재와 함께 이 콘크리트를 발랐다. 로마의 콘크리트 구조는 현대의 콘크리트 구조와 달리 보강이 되지 않았고, 외부 버트레스를 필요로 하여 장력 하중을 억제하는 데는 적당하지 않았다. 또한 제조되고 나면 그리 유동적이지 않아 거푸집 모양에 제한이 있었다.

원형 천창

돔의 중앙에는 8m 지름의 둥근 창이 하늘을 향해 뚫려 있어, 이곳을 통해 유일하게 빛이 들어온다. 이 천창은 구조물 중앙의 하중을 줄여주고 돔 둘레에 창을 낼 때 발생하는 구조적 어려움을 해결해 준다. 그 결과, 단순하고 통일감 있는 극적인 효과가 만들어진다.

무늬 바닥

바닥에는 대리석, 반암(斑岩), 화강암의 채색된 포석들이 깔려 있다. 사각형과 원형의 바둑판 무늬가 천장의 정간 장식을 보완한다.

니치

두꺼운 벽 속에 설치된 니치는 로마인들에게 알려진 다섯 행성과, 태양이나 달과 같은 별자리에게 바치기 위해 만들어졌다.

니치 위 둥근 천장

니치의 위를 눌러주는 둥근 천장이 있어 돔 가장자리의 압력이 줄어들며, 하중이 벽을 통해 수직방향으로 기초까지 전달된다.

이세 신궁

일본 남부 혼슈의 이세 만에 있는 이세 신궁(伊勢神宮)의 신사는 일본의 토착 신앙인 신도(神道) 신앙의 고대 전통을 간직하고 있다. 정궁은 각각 네 개의 나무 울타리로 둘러싸인 두 개의 독립적인 궁으로 이루어져 있다. 내궁으로 알려진 황대신궁(皇大神宮)은 일본 황실이 유래했다고 하는 태양의 여신 아마테라스 오미카미[天照大神]를 모신다. 외궁은 농작과 수확의 여신인 도요우케 오카미[豊受大神]를 모신다. 두 궁 모두 본궁, 곧 쇼덴[正殿]이 있는 중심 구내의 양측에 관리인들과 의식 주관자들을 위한 창고와 숙박시설들이 있다. 일반인이 들어갈 수 없는 성스런 경내는 20년마다 건물을 헐고 그 옆에 다시 짓는다. 시키넨 센구[式年遷宮]라 불리는 이 전통적인 재건축 과정은 690년부터 시행되었는데, 소목 세공에 정밀한 기술을 가진 장인들이 삼 대에 걸쳐 맡는다. 이 놀라운 건축물은 일본 건축이 높이 평가받는 뚜렷한 세부 처리와 강렬한 단순함을 훌륭하게 보여준다.

파르테논 신전이 서양 건축의 태도를 보여주는 좋은 예가 되듯, 이세 신궁은 섬세하고 절제된 구조, 단순한 형태, 영적 존재감을 통해 일본 건축의 본질을 구체적으로 보여준다.

- **위치** 일본 혼슈
- **건축 연도** 2세기
- **건물 구조** 목조
- **건물 구분** 사원
- **공사 기간** 20년마다 재건

장식 부속품
문은 계속되는 재건 과정 중에 도입된 금속 브래킷으로 장식되어 있다. 난간 기둥에 박아 넣은 채색된 공 장식 같은 다른 요소들은 6세기에 불교 전래와 함께 들어온 중국 건축의 영향이다.

동보전과 서보전
서보전(西寶殿)은 의례용 왕보(王寶)를, 동보전(東寶殿)은 비단과 종이를 보관한다. 이 독립적인 두 건물은 신령을 모시는 신덴[神殿]의 측면에 서 있다.

기둥
기둥은 땅에 박혀 있다. 주기적인 재건을 위해 구조물을 부순 후에, 특별한 영적 의미를 지닌 중앙 기둥인 신노미하시라[心の御柱]는 다음 재건에 다시 합쳐지기 전까지 제자리에 남겨둔다.

신사
신사에는 빗과 거울 같은 황제의 물건들이 들어 있다. 이곳에서 서임 의식이 비밀리에 행해진다.

경내는 20년마다 근처 부지에 재건되었고, 삼 대에 걸친 장인들이 각 재건을 맡아 감독하고 시공하거나 견습생이 될 수 있었다.

신도(神道)

일본의 토착 종교인 신도는 자연 숭배와, 산, 바위, 나무 등 자연 지형에서 발견되는 자연의 정령, 즉 카미[神]를 경배의 중심으로 한다. 카미를 모시는 신사(神社)의 일본의 전역, 특히 자연이 아름다운 곳에 있다. 전통적으로 이세 근처의 메오토이와[夫婦岩] 같은 곳들에 공물을 둠으로써 경의를 표한다.

지기[千木]

지기란 골조의 용마루에 있는 갈래진 꼭대기 장식을 가리킨다. 지기는 아주 양식화되어, 하중을 떠받치는 구조적인 목적을 넘어서서 장식적이고 의식화된 요소로 변했다. 꼭대기 장식은 목조를 고정하는 데 사용되는 전통적인 소목 세공 방식에서 비롯된다. 나중에는 문화적으로 중요하고 귀족이 후원하는 건물에만 사용되었다. 건물이 끊임없이 복제되면서 도상학적 요소를 과장되게 표현하는 경향이 나타났다.

금속 덮개

골조의 끝부분을 장식하는 금속 덮개는 습기와 부패에 가장 약한 목재의 노출된 결을 보호한다.

용마루를 지탱하는 굵은 목재

용마루를 지탱하는 굵은 목재, 즉 가츠오기[堅魚木]는 마룻대를 묶어두고 전통적인 지붕 재료인 억새풀을 단단히 묶어준다. 용마루는 2세기부터 계속되어온 건설 체계의 중심에 놓인 편백(扁柏) 기둥 두 개가 받치고 있다. 신사는 6세기에 최종적인 형태가 만들어진 것으로 보인다.

층 진 울타리

네 겹으로 층 진 동심원 모양의 울타리는 일반인들이 성스러운 경내를 보지 못하도록 시선을 차단한다. 참배는 사제들, 신관들, 황족 일가로 엄격하게 제한되었다. 전통적으로 숲이나 산과 같은 성스러운 금단 구역에서 신을 참배했다.

높은 기단

건물의 높은 기단은 해충과 홍수로부터 식량을 보호하기 위해 땅 위로 높이 지었던 고대의 쌀 창고에서 유래한다.

쇼덴[正殿]

지붕으로 덮인 현관을 통해 건물 안으로 들어간다. 쇼덴 본체는 가로 10.0m, 세로 5.4m이며, 폭 세 칸, 깊이 두 칸의 목조로 구성되었다.

벽

벽은 수직으로 세운 골조 기둥에 은촉홈을 낸 다음, 목재 널빤지를 수평으로 끼워 만들어진다. 구조물은 지붕으로 덮인 툇마루로 둘러싸여 있다.

성 소피아 대성당

비잔틴 제국을 대표하는 성당인 성 소피아 대성당의 규모와 장엄함 속에는 지역 고유의 전통에 조직적인 노동력과 토목 기술을 결합시킨 로마 특유의 건축 방식이 고스란히 녹아 있다. 이 기념비적인 건축물의 넓은 네이브는 가로 68.6m, 세로 32.6m의 규모인데, 벽돌과 석재로 만든 리브 돔이 그 위를 덮고 있다. 채색된 대리석과 반짝이는 모자이크로 장식된 성당 내부는 놀라울 만큼 빛이 잘 들어온다. 성당 외부에는 피어와 작은 돔이 복잡하게 배열되어 있고, 단조로운 형태로 지어진 거대한 크기의 내력벽과 버트레스가 그들을 받치고 있다. 성 소피아 대성당은 1453년에 모스크로 바뀌면서 첨탑들이 덧붙여졌다. 이 과정에서 원래 있던 장식의 많은 부분이 가려지고 손상되었지만, 이 경이로운 건축물은 여전히 비잔틴 세계의 영묘한 신비와 힘을 전해준다.

내부 회랑

내부 회랑은 이국적인 느낌을 주는 채색된 대리석으로 매끄럽게 만들어진 기둥이 받치고 있다. 주두와 아케이드는 세세한 부분까지 정밀하게 처리되어 있고, 황제 유스티니아누스 1세의 모노그램을 짜 넣은 창살무늬 모티프가 새겨져 있다.

측면

중심의 얕은 돔은 557년에 지진으로 심하게 파손된 이후, 더 안정적으로 높게 재건되었다.

미너렛

900년 동안 교회로 사용되었던 건물은 1453년에 투르크가 콘스탄티노플을 점령하면서 모스크로 바뀌어 미너렛들이 더해졌다.

"(돔이) 딱딱한 석조물 위에 얹혀 있는 것이 아니라, 하늘에 매달린 황금색 돔이 그 공간을 덮고 있는 것 같다."

프로코피우스

유스티니아누스 1세

로마 제국이 그리스도교 국가로 바뀐 뒤, 330년에 콘스탄티노플이 수도가 되었다. 유스티니아누스 1세(약 482~565)는 527년부터 545년까지 비잔틴 제국의 황제였고 건축에 크게 기여한 것으로 유명하다. 성 소피아 대성당 이외에 도수관, 다리, 비잔틴 제국의 국경 요새 등도 건설했다.

성 소피아 대성당은 5년이라는 단기간 걸쳐 세워졌다. 5,000명의 작업 인부로 구성된 두 조가 각각 동쪽과 서쪽을 맡아 서로 경쟁하듯 건물을 지었다.

버트레스

지진으로 인해 건물 내부에 큰 변화가 생겼고, 대대적인 버트레스 공사와 함께 하중을 견딜 추가적인 구조체가 필요했다.

네이브 내부

네이브의 중심부는 지름 32.6m의 광대한 중앙 돔으로 덮여 있다. 돔의 밑동에 낸 구멍과 팀파눔 벽 안의 창을 통해 햇빛이 들어온다.

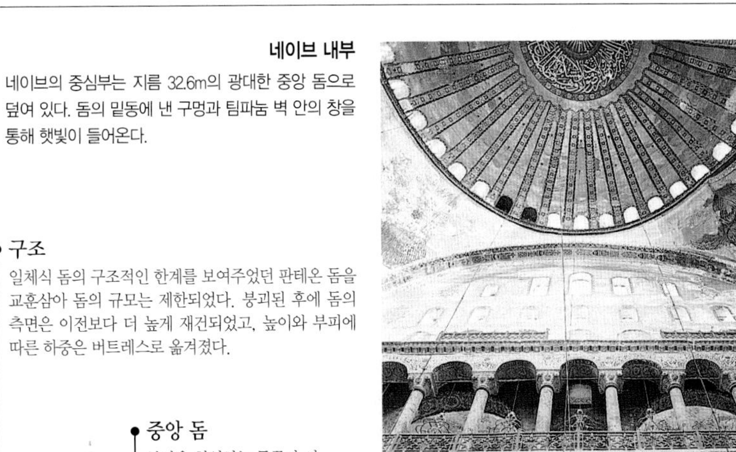

지역적인 문제로 포촐라나 시멘트를 사용하는 것이 어려워진 로마 건축가들은 판테온과 같은 단독 돔 구조물을 용이하게 지을 수 있었던 콘크리트 시공 기법을 쓸 수 없었다. 그러나 두껍게 바른 모르타르를 사용한 벽돌 시공법은 숙련되지 못한 수많은 노동자들과 신속하게 공사를 진행할 수 있다는 이점이 있었다.

- **위치** 터키 이스탄불
- **건축 연도** 532~537년
- **높이** 54.8m
- **건물 구조** 벽돌조, 석조
- **건물 구분** 성당, 모스크

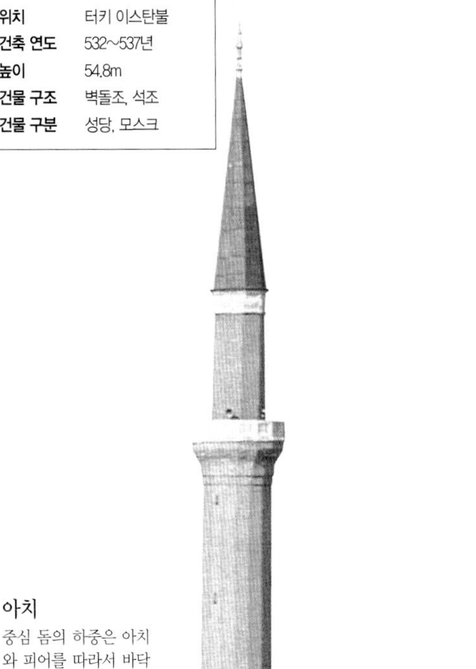

구조

일체식 돔의 구조적인 한계를 보여주었던 판테온 돔을 교훈삼아 돔의 규모는 제한되었다. 붕괴된 후에 돔의 측면은 이전보다 더 높게 재건되었고, 높이와 부피에 따른 하중은 버트레스로 옮겨졌다.

중앙 돔

본당을 형성하는 동쪽과 서쪽의 반구형 돔들이 중앙 돔을 받치고 있다.

창문

이 자리에 채광창이 있는 것은 돔의 외부에 작용하는 추력에 저항해야 하는 요건에 반하는 것처럼 보인다. 그러나 실제로 이 창들은 돔이 묵직한 뼈대 역할을 효과적으로 할 수 있게 해주며, 균열될 위험을 줄여준다.

아치

중심 돔의 하중은 아치와 피어를 따라서 바닥으로 전달된다.

탑

탑은 중앙 돔을 받치는 아치의 양쪽으로 남측과 북측 입면 모두에 접한다. 탑의 하중은 떠받치는 아치가 가하는 측면 추력을 견뎌낸다.

팀파눔 벽

주요 떠받치는 아치 밑에 있는 팀파눔 벽은 이론상 비내력벽이기 때문에 내부를 비추는 창의 면적을 최대한 넓힐 수 있다.

피어들

주요 피어들은 완전히 접착되는 데 상당한 건조 시간이 필요한 모르타르 접합 벽돌 대신에 돌로 지어졌다. 공사 초기에 돌을 사용하여 작업 속도를 높였다.

티칼 제1호 신전

열대 다우림의 하늘 위로 마야 도시 티칼의 피라미드형 탑들이 우뚝 솟아 있다. 마야 문명은 300~900년 사이의 고전기에 번성하다가 돌연 쇠락하였고, 16세기에 스페인이 남아메리카를 정복하기 전까지 500년 동안 그 대도시들은 버려져 있었다. 티칼은 중앙아메리카 과테말라의 페텐 지방에 위치한다. 68.8㎢ 넓이의 부지에 무리지어 흩어져 있는 기단들과 석조물들이 발굴되었다. 널찍한 진입로가 독특한 건물 군집들을 연결하는 이 도시의 중심부에는 치장 벽토가 늘어선 가로 85m, 세로 67m의 광장이 있다. 이 광장 위에는 두 개의 탑이 서로 마주보고 있는데, 더 큰 것이 재규어 대신전으로 알려진 제1호 신전이다. 건물군은 흙점을 기반으로 한 관계를 형성하며, 도시의 계급제도와 태양 및 별의 배열을 연상시킨다. 광장 위로 높이 솟은 구조물들은 민중이 접근하지 못하도록 높은 곳에서 의식을 치르고자 하는 특권 계층의 의도를 보여준다. 전성기에 5만 여 명이 살았다고 하는 도시 중심부는 멀리 떨어져 있던 같은 시기의 도시들과 문화적 유대가 있었던 광대한 농업 제국의 지원을 통해 생활을 유지했다. 지금은 빽빽하게 뒤엉킨 덤불 속에 고립되어 있는 이 유물은 잃어버렸던 신비로운 문화를 소리 없이 전한다.

지붕 장식
신전의 꼭대기에는 복잡하게 조각되어 채색된 톱니 모양의 용마루가 신전 천장보다 훨씬 더 높이 올라가 있다. 그것은 뒷벽에서 솟아올라 구조물의 위압적인 실루엣을 만들어낸다.

조각 장식
신전 천장의 바깥 면에는 큼직한 좌상과 뱀을 묘사하는 조각 장식이 있다.

성소
신전 성소는 내쌓기를 한 둥근 천장에 덮인 세 개의 연결된 방으로 이루어져 있다. 이 성소에서는 사람을 제물로 바치는 인신 제사 의식이 자주 행해졌다. 인신 제물의 피가 계단을 타고 흘렀고, 살아 있는 심장을 도려내어 신에게 바쳤다. 입구 위에 있는 목조 상인방의 안쪽 면에는 재규어의 모습이 새겨져 있다.

계단식 구조
피라미드는 9층으로 총 47.5m의 높이에 달한다. 뚜렷한 계단 구조는 지하세계의 신화적인 층들을 의미한다.

밀폐된 매장실에는 720년으로 거슬러 올라가는 위대한 왕 아카카우의 유물이 있다. 왕관을 비롯해 의식에 사용된 왕의 풍부한 유물들은 그가 얼마나 위대한 왕이었는지 암시한다.

의식 행위

마야 제국의 영토였던 과테말라에서 발굴된 이 재규어 모양의 단지는 피의 제물을 모으는 데 쓰였던 것으로 보인다. 종종 중요한 의식과 번제에 앞서 누군가의 피를 뽑았다. 신의 호의에 대한 보답으로 동물, 새, 꽃, 옥, 피 등을 바치는 이러한 의식 행위는 복잡하고 격렬했다. 매년 마야의 새해 첫날에는 특별한 의식이 열렸고, 그 후 매달마다 특정한 신에게 봉헌되었다. 사제에서부터 어부에 이르기까지, 각 사회 집단들 나름대로의 종교 축제를 열었다.

신전 전경

널찍한 공공 공간들과 그보다 작은 마당 주변에 피라미드형 신전들이 높은 계단식 대좌 위로 우뚝 솟아 있다. 도시는 울퉁불퉁한 능선을 따라 펼쳐져 있다. 음식을 제공해주고 고립된 땅으로의 출입구가 되어주는 저장소들에 둘러싸여 있었을 연이은 둑길로 연결되어 있다. 제1호 신전은 가면의 신전을 마주보고 있다. 멀리서 보면 북쪽 아크로폴리스와 거석들이 보인다.

계단

가파른 계단을 따라 신전으로 들어갈 수 있다. 지금 보이는 계단은 공사 기간 동안 쓰였고, 지금은 썩어버리고 없는 원래의 의식용 계단은 훨씬 더 넓었다.

마름돌

허드렛돌과 콘크리트로 이루어진 중심부의 표면에 마름돌을 회반죽으로 붙여 규칙적으로 쌓아 올렸다.

돌비석

도시 전역에서 발견되는 똑바로 선 돌비석들, 특히 대광장의 중심축을 따라 배치된 돌에 세밀하게 새겨진 조각을 보면, 마야 문화에 대해 부분적으로나마 이해할 수 있다. 돌비석에는 왕조의 행사 일정이 복잡하고 꼼꼼하게 기록되어 있다. 마야력은 20년으로 나뉘는 주기적 체계를 가지고 있으며, 중요한 행사가 있을 때는 피라미드 형태의 구조물을 세워 기록했다.

구기 경기장

탑의 밑부분에는 구기 경기장이 인접해 있다. 공은 팔꿈치와 엉덩이를 사용하여 석재 고리로 몰았다.

- **위치** 중앙아메리카 과테말라 티칼
- **건축 연도** 약 500년
- **높이** 47.5m
- **건물 구조** 석조, 콘크리트조, 허드렛돌 중심부
- **건물 구분** 신전 피라미드

카주라호의 칸다리야 마하데브 사원

중앙 인도의 카주라호에는 950~1050년이라는 비교적 짧은 기간에 지어진 80개 이상의 건축물들이 있다. 지금은 24채만 남아 있는 사원들은 찬델라 왕조의 왕들이 수도를 위해 건설을 명한 것으로, 힌두 시대 후반 사원 건축의 전통들을 모두 혼합한 양식으로 지어졌다. 한때는 관개 호수에 둘러싸여 있던 사원들은 왕조가 끝난 12세기 이후 버려져 700년 동안 밀림 속에 묻혀 있다가, 1906년에 체계적으로 발굴되었다. 정교하게 조각된 각 사원의 탑 밑에 있는 둥근 천장의 어두운 성소에는 성상이 모셔져 있다. 만다파(집회장)를 지나 시카라(탑)까지 높이 솟아오른 사암 표면에는 얇은 판으로 된 장식 띠들이 가로줄로 가득 채워져 있다. 끊임없이 이어진 프리즈에는 전사들, 춤꾼들, 코끼리들, 곡예사들, 말들, 악사들, 사냥꾼들, 서로 껴안고 있는 연인들의 선정적인 모습이 깊은 부조로 생생하게 조각되어 있다. 카주라호의 사원들은 중앙 인도의 힌두 건축을 보여주는 가장 뛰어난 예이다.

성스러운 산

더 작은 탑들에 둘러싸여 우뚝 솟아 있는 탑은 메루 산(세상의 산)의 성스러운 이미지를 따온 것으로, 신화에 나오는 신 인드라가 머무는 산, 즉 세상의 영적인 중심을 상징한다. 사이바 파, 바이슈나바 파, 자이나 파가 카주라호의 사원들을 함께 사용했다.

주탑 시카라

4m의 토대 위에 세워진 주탑 시카라는 땅에서 35.6m 높이로 솟아 있다. 사원의 규모는 작지만 구성만큼은 기념비적이다.

소형 탑들

시카라에는 주탑을 축소한 모양의 탑 85개가 위풍당당하고 통일감 있는 형상으로 층층이 이어져 있다.

트랜셉트

지붕이 달린 트랜셉트가 남쪽과 북쪽 측면에 있다. 이곳을 통해 내부의 공기가 환기된다.

조각상

대부분의 조각상들은 75~90cm의 높이이며, 지상과 천상의 온갖 이미지들이 아주 섬세하게 조각되어 뛰어난 동적 효과를 보여준다.

조각

조각들이 3층으로 반복되어 있는데, 바깥 프리즈에는 646개의 신성하고 세속적인 인물상들이, 안쪽에는 225개의 인물상들이 조각되어 있다.

사원의 대좌

대좌에는 가로줄 장식들이 바깥쪽으로 퍼지는 모양으로 층층이 이어져 있다. 움푹 들어가고 튀어나온 율동적인 형태 덕분에 빛과 그늘이 두드러지면서, 조각된 표면의 효과가 더 부각된다. 층층이 이어진 띠에는 다양한 꽃과 식물 모양의 소조가 장식되어 있다.

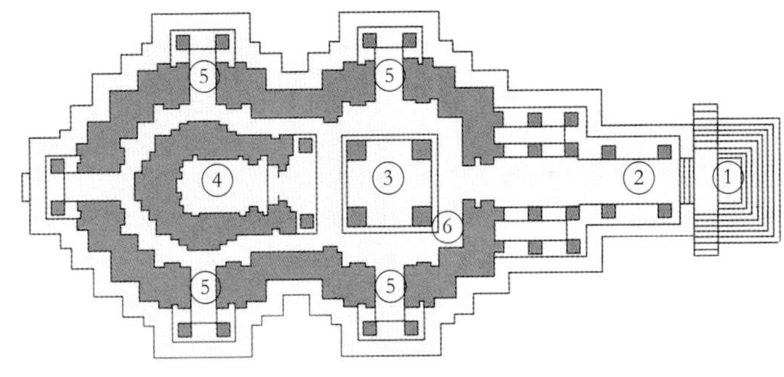

평면도

각 사원은 동서 방향으로 배치되어 있으며, 가파른 계단을 따라 올라가는 기단 위에 솟아 있다. 평면도 안의 개별 구역들은 다음과 같은 순서로 서로 연결되어 있다. ①계단 ②포치 ③만다파 ④성소와 시카라 ⑤발코니가 있는 측면 트랜셉트 ⑥회랑

찬델라 왕조

찬델라 왕들은 9세기부터 12세기까지 북부·중앙 인도를 다스린 가장 강력한 통치자들이었다. 전성기를 이룬 비디야다라(1004~1035)의 치세에 칸다리야 마하데브를 비롯하여 뛰어난 중요한 사원들이 많이 지어졌다. 하지만 그가 세상을 떠난 이후 찬델라 왕국은 쇠락했다. 사원들은 11세기까지 카주라호에 계속 지어졌다.

선정적인 조각상들

20세기 초에 유적을 발굴한 영국 식민지 고고학자들은 너무나 생생하고 섬세하게 표현된 조각의 선정적인 주제에 깊은 충격을 받았다. 당시의 여행 안내서에는 음란하고 윤리적으로 타락한 이곳을 방문하지 말라고 적혀 있다.

석조 조각

입구 포치는 아주 세밀하게 조각된 수많은 조각상들이 현관 지붕을 받치고 있다. 현관 양쪽에 악어 조각상들이 작은 기둥에서 튀어나와 있다.

사암

사암 덩어리들은 땅에서 모양을 짓고 조립한 다음, 하나씩 올려 조심스럽게 배치했다. 조각은 현장에서 바로 이루어지기도 하고, 미리 만들어놓은 단편들을 둥근 천장에 끼워 맞추기도 했다.

구조

장부촉이음을 사용하는 목조건축 방식을 석조에 응용한 듯한 구조적인 세부 처리가 보인다.

마름돌

허드렛돌과 콘크리트로 이루어진 중심부의 표면에 마름돌을 회반죽으로 붙여 규칙적으로 쌓아 올렸다.

추가로 지은 탑들과 입구 포치와 홀이 받치고 있는 주탑 바로 아래의 어두운 성소에 신상이 모셔져 있다.

- **위치** 인도 카주라호
- **건축 연도** 약 950~1050년
- **높이** 35.6m
- **길이** 33.2m
- **건물 구조** 석조
- **건물 구분** 사원

선정적인 조각상들은 성적 교합의 원초적인 생명력에 대한 탄트라 신앙과 일맥상통한다. 종교 건축물에는 다산을 비롯하여 희열과 관련된 탄트라 신앙이 깃들어 있었다.

피사 대성당

11세기 중반부터 12세기 중반까지 점점 더 큰 규모로 지어진 교회는 당시 그리스도교 중심지들의 부와 명성을 반영한다. 이탈리아의 피사에 있는 세계적으로 유명한 로마네스크 양식의 성당, 종탑, 그리고 세례당도 바로 그러한 예이다. 성당의 가장자리에 아케이드를 사용하여 외벽의 두께가 줄어들게 되고, 석조 볼트의 건축술이 발전하면서 빛과 장식을 사용할 수 있는 가능성에 대한 새로운 연구가 이루어졌다. 이러한 연구는 후에 유럽의 고딕 건축에서 아주 효과적으로 실현된다. 로마의 건축 유산은 이탈리아에서 건축 재료와 양식의 전례를 얻을 수 있는 보고가 되었다. 그 건축물들은 비잔틴 문화와 혼합되어 고대 세계와 중세 세계를 이어주었다. 4세기에 지어진 초기 기독교 교회의 단순한 직사각형 바실리카 형태는 중앙 네이브와 아일을 포함하는데, 후에는 트렌셉트를 가로질러 가야 하는 의식에 맞추어 십자형 평면으로 바뀌었다.

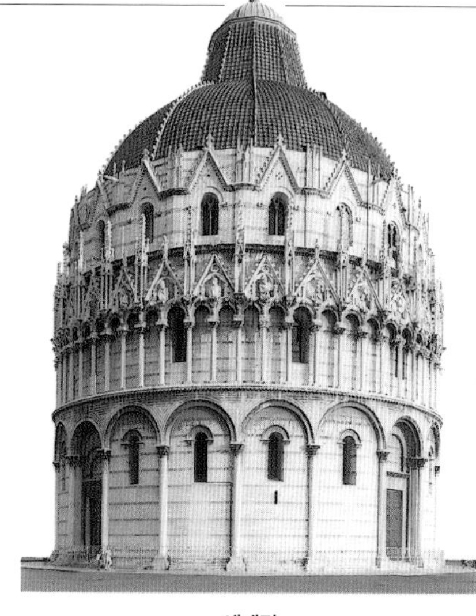

세례당

디오티 살비가 설계한 세례당(1153~1265)은 혼합식 구조의 결과로, 특이한 윤곽의 리브 돔을 지니고 있다. 바깥 돔의 스팬은 원형 세례당의 지름과 같고, 높이를 부각시키는 안쪽 원뿔은 내부 열주가 받치고 있다.

대리석 판

건물의 파사드는 다채로운 색의 대리석 판으로 독특하게 장식되어 있다. 코린트식 주두를 가진 건축물의 오더는 디테일이 투박하게 처리되어 있지만 장식은 화려하다.

주랑

주 파사드 상부의 섬세하고 명료한 아치 장식은 이탈리아 로마네스크 양식의 특징이다.

박공벽

박공벽의 율동적인 아치 장식은 다채로운 색의 대리석 띠 장식과 함께 피사 대성당의 특징이다.

아케이드

가장자리에 있는 아케이드의 아치와 기둥은 고전주의적 파사드인 로마네스크식 장식으로 쓰였다.

구조 프레임

아치와 기둥은 외부 파사드에서 특색 있는 구조 요소가 된다. 이 단순한 구성 단위가 반복됨으로써 내력벽이 견디는 하중의 부담이 줄어든다. 이러한 경향은 후에 고딕 시대의 특징적 장치인 석조 상부구조로 발전되었다.

로마네스크식 볼트

석조 볼트를 짓는 기술의 발전이 네이브와 아일에도 이어지면서 바실리카 교회의 엄격한 직선 설계가 공간적으로 다양해졌다. 피사 대성당은 스팬과 유연성 면에서 자유로운 첨두 아치와 리브 볼트가 아니라 반원형 볼트이기 때문에 네이브가 좁은 편이다. 후에 르네상스의 중앙 집중식 설계가 나오고 나서야 중앙 교차부가 평면도의 중심을 이루기 시작했다(44쪽 참고).

네이브

네이브의 양측에는 종교적인 조각상들을 진열하는 아일과 성인들에게 헌당된 예배당들이 있다. 이러한 배치는 네이브의 벽을 받치는 주랑과 석조 볼트 덕분에 가능하다.

앱스와 트랜셉트

그리스도교의 예배 의식이 발전하면서 교회는 십자형 평면과 중앙 탑을 특징으로 하는 형태로 바뀌었다. 원래 네이브의 동쪽 끝에 있는 니치였던 앱스(교회당 동쪽 끝에 돌출된 부분)가 확대되어 미사 의식의 중심이 된다. 십자의 팔 부분이 연장되어 예배당들과 교차부가 생겨나고, 교차부에는 중앙 탑이 우뚝 솟아 있다.

돔

돔은 피렌체의 세례당과 같은 시기인 1090년에 벽돌과 석재로 지어졌다. 돔을 둘러싼 아케이드는 1383년에 완공되었다.

피사의 사탑

탑(1174~1271)은 꼭대기에서 기반 부분까지 4.2m로 불안하게 기울어져 있는데, 10년마다 1.1분씩 계속 기울어져 결국엔 무너지고 말 것이다.

중앙 교차부

중앙 교차부는 원래 지붕 덮인 탑이었을 것이다. 그 탑은 피렌체에서 확립된 14세기 토스카나식 교회 양식에 따라 석조 돔을 드러내기 위해 제거되었다.

함몰

탑이 기울면서 가라앉고 있다는 사실은 공사 기간 동안에 처음으로 밝혀졌다. 그동안 지속된 기울어짐을 상쇄시키기 위해 꼭대기의 두 층은 쐐기 모양의 단면으로 지어졌다.

• 위치	이탈리아 피사
• 건축 연도	1063~1118년, 1261~1272년
• 건물 구조	벽돌조, 석조, 대리석조
• 건물 구분	성당

대리석 띠 장식

성당에는 중부 이탈리아 건물의 특징인 채색된 대리석 띠가 가로로 번갈아 장식되어 있다.

화강암 기둥의 대부분은 로마산이다. 고전 유물에서 채취한 재료들이 새로운 건물의 건축에 자주 쓰였다.

기반 부분

탑의 높이에 비해 기반 부분의 면적이 제한되어 있어서 토대에 가해지는 하중은 전통적인 건축 관행을 웃돌았다. 지표면 밑에 10m 깊이로 쌓인 점토가 무른 탓에 탑은 회전 운동으로 가라앉고 있다.

더럼 대성당

영국 더럼에 있는 위어 강의 만곡부 위로 높이 솟아 있는 성당, 수도원과 성은 성 커스버트의 성물을 모시고 있다. 빠른 속도로 진행된 공사(1093~1104)와 성당의 높은 위치는 노르만 건축의 힘과 견고함, 영국의 로마네스크 정신을 인상적으로 보여준다. 영국의 북부 변방이 그리스도교 순례지로서 명예와 부를 계속 누릴 수 있었던 것은 바로 이 성물 때문이었다. 수도원과 성은 1536~1540년에 수도원이 해산되기 전까지 중세 시대 내내 성당의 전략적 · 군사적 역할을 보강해주었다. 성당은 건물 전체가 석조 볼트로 덮인 영국 최초의 건축물이었고, 네이브와 아일을 가로지르는 첨두 볼트는 기록상 최초로 만들어진 리브 볼트로서, 무거운 석조의 로마네스크 양식을 수직으로 치솟는 고딕 양식으로 바꿔놓았다. 훌륭한 비례를 보여주는 상부 아케이드와, 높이 솟은 22.2m 높이의 볼트에 볼륨의 견고함을 조화시킨 네이브는 강력하고 인상적인 느낌을 준다. 폭이 넓은 기둥들에 번갈아가며 새겨진 역 V자 무늬와 소용돌이 무늬와 같은 노르만 장식은 기둥의 부피감과 리듬감을 살려, 로마네스크 건축의 걸작인 이 대성당에 장엄한 기품을 더해준다.

갈릴리 예배당

1175년에 증축된 예배당에는 목조 지붕과 다섯 개의 아일로 만들어진 아케이드가 있다. 이 아케이드는 사암과 퍼벡산 대리석으로 만들어진 가느다란 복합 기둥들이 받치고 있다. 아치의 밑면을 장식하고 있는 단순한 쿠션 주두와 역 V자 무늬의 소조는 로마네스크 양식의 디테일을 보여주지만, 그 구조에서 느껴지는 가벼움은 기념비적인 네이브와 미묘하게 대조를 이루고 있다.

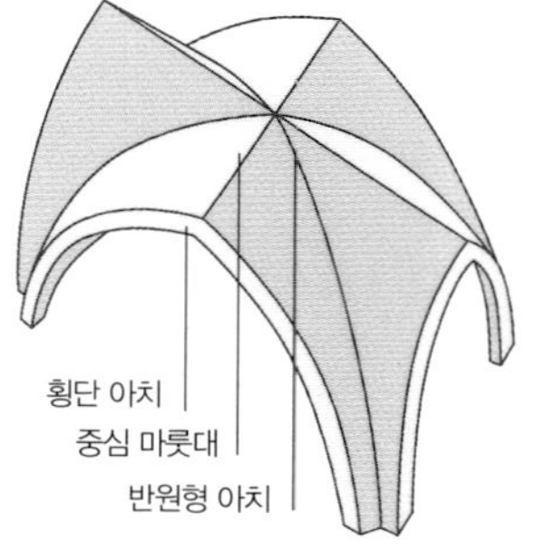

리브 볼트

리브 볼트는 건축이 수월한 반원형 아치와, 높이와 길이의 유연성이 높은 첨두 아치의 장점을 합친 결과물이다. 이러한 건축 기법은 네이브의 중심 마룻대 높이는 그대로 유지하는 반면, 개방된 아케이드나 채광창에 필요한 벽을 제거하고 네이브를 열어 더 많은 햇빛이 들어오게 했다.

버트레스

네이브 지붕의 추력은 네이브의 기둥과 아일 사이로 분산된다. 아일의 지붕 안에 숨겨진 사분면 아치들과 벽 안의 두꺼운 피어들이 미숙한 형태의 플라잉 버트레스를 만들어낸다.

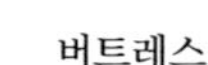

더럼 대성당은 영국에서 성역권을 가진 30개의 교회 중 한 곳이었다. 은신처를 찾아 성당으로 도망 온 범죄자는 37일 동안 비호를 받았다. 이 기간 동안 면죄를 받지 못한 죄인은 추방당했다.

횡단 리브

복합 기둥들 위에 하나씩 걸러 나타나는 횡단 리브는 네이브를 직각의 이중 볼트로 나눈다.

첨두 리브 볼트

기록상 최초로 등장하는 첨두 리브 볼트가 네이브를 덮고 있다. 치솟은 횡단 아치로 장식된 윤곽은 네이브의 규모를 부각시키고 구조를 가볍게 만드는데, 이는 고딕 볼트 양식으로 발전하게 된다.

대각선 리브

채광층 밑에 쌍을 이룬 브래킷에서 반원형 대각선 리브가 튀어나온다. 씩 웃는 듯한 얼굴 모양으로 조각된 돌출 브래킷은 번갈아 가며 바뀌는 원형 기둥들의 위치와 일직선을 이룬다.

성 커스버트

성 커스버트(약 624~687)는 영국에서 가장 추앙받는 성인 중 한 명이다. 그는 651년에 환상을 본 후 멜로즈의 노섬브리아 수도원에 들어갔고, 많은 기적을 행한 것으로 전해진다. 커스버트는 685년에 린디스판 수도원의 주교가 되었고, 후에 그곳에 묻혔다. 9세기에 바이킹의 침략 후 그의 성물은 더럼으로 옮겨졌다. 그는 성당의 성가대석과 트랜셉트 사이에 안치되었고, 1104년에 축성되었다.

성가대석
네이브의 동쪽 끝에 있는 네 칸의 성가대석은 1093~1104년에 완공되었다. 볼트는 구조가 불안정하여 13세기 말에 재건되었다.

장미창
동쪽 맨 끝의 장미창은 18세기의 건축가 제임스 와이엇이 추가했다. 그는 석조 건물 표면의 조소를 벗겨내는 등 건물을 적극적으로 변형시켰다.

복합 기둥
복합 기둥이 계속 횡단 리브를 받친다. 물결 모양의 모습이지만 원형 기둥보다 더 튼튼해서, 리브 볼트를 따라 가해지는 더 큰 하중을 견뎌낸다.

서쪽 세례반 근처의 네이브를 가로지르고 있는 푸른색의 얇은 대리석 띠는 중세 시대에 여성들이 출입할 수 있었던 곳의 한계선을 표시한다.

• **위치**	영국 더럼
• **건축 연도**	1093~1133년
• **높이**	44m
• **건물 구조**	석조
• **건물 구분**	성당
• **공사 기간**	40년

북쪽 파사드
팰리스 그린의 맞은편에서 보면 성당의 북쪽 파사드는 143m에 달하는 네이브 전체를 그대로 드러내고 있다. 나인 올터스 예배당과 성 커스버트의 무덤은 성당의 동쪽 끝에 있다(왼쪽 사진). 중앙 탑은 꼭대기 층을 추가하여 1495년에 완공되었다. 네이브의 서쪽 끝 위에 지어진 탑들(오른쪽 사진)은 절벽 가장자리에 있는 갈릴리 예배당에 인접해 있다.

한때 성 커스버트의 성물을 모셨던 나인 올터스 예배당(1242~1280)은 네이브의 맨 끝에 있어서 동쪽 끝에 트랜셉트가 추가되었다. 금으로 도금한 녹색의 대리석 성골함은 수도원이 해산된 후에 깨졌지만 성인의 유골은 예배당 바닥에 아직도 묻혀 있다.

서쪽의 탑들
성당은 위어 강 위로 높이 솟은 단단한 암반 위에 지어졌다. 갈릴리 예배당과 이웃한 서쪽의 탑들은 13세기부터 있었지만, 번개를 맞은 후 1487년에 재건되었다. 44m 높이로 솟은 탑들은 높은 부지에 서 있는 성당에 부피감을 더해준다.

앙코르와트

캄보디아의 도시 앙코르는 9세기부터 13세기까지 간헐적으로 크메르 문명의 수도로 사용되었다가 버려진 채 밀림에 묻혀 있었다. 앙코르와트 사원은 동쪽에서 서쪽까지 50km에 걸쳐 있는 드넓은 유적의 한 구역을 차지한다. 둔덕에 지어지고 인공 해자로 둘러싸인 사원은 계단식 기단 위에 대칭 구조를 이루고 있으며, 기단은 65m 높이의 중앙 탑으로 이어진다. 동심원을 이루는 직선 회랑들로 이루어진 기다란 주랑이 각 층의 탑들을 이어준다. 해자를 건너 석상들이 늘어선 석조 진입로를 지나면 사원에 다다른다. 이곳은 영적 세계와 신들이 사는 산을 상징하며, 높이 솟은 탑들은 조상신들에 대한 경의의 표시로 지어졌을 것이다. 사원 건물에서 주물로 떠낸 큰 부분들과 사원 유적에서 나온 유물들을 1867년에 파리에 전시하면서, 서양의 고전 건축이나 고딕 건축 못지않게 정교한 미지의 위대한 문명이 세상에 널리 알려졌다.

비슈누

12세기의 크메르 건축가들은 조상신들을 기리는 뜻으로 사원을 세웠을 것이다. 가장 중요한 힌두 신 가운데 하나인 비슈누는 세상의 수호자이자 윤리적 질서의 회복자이다. 그는 선을 보호하고 지상에서 악을 몰아낸다는 열 가지 권화(아바타르)의 모습으로 나타난다. 그 중 가장 중요한 신은 대담하고 고결한 법의 수호자 라마와 이타주의적인 사랑과 연관된 크리슈나이다. 비슈누는 정신력의 이해, 창조, 지배, 우주의 순수를 뜻하는 상징물을 들고 있다.

• **위치**	캄보디아 앙코르
• **건축 연도**	12세기
• **높이**	65m
• **건물 구조**	석조
• **건물 구분**	사원

크메르의 건축가들은 야심 찬 종교 건물 공사를 아주 정밀하게 완수해냈다. 65km의 운하는 일직선으로 지어졌고, 3km의 해자는 직선에서 겨우 5cm 벗어나 있다.

중앙 탑
세 번째 기단의 중앙에 서 있는 탑이 사원의 중심을 이룬다. 지붕 달린 포티코와 부속 탑들이 중앙의 이 성소를 바깥층과 연결한다.

조적
크메르 건축가들의 능력을 생각하면 의외지만, 대부분의 석재들은 접합 없이 그냥 쌓아올렸다. 간단한 접합 공정을 하지 않은 탓에 나중에 많은 석조물들이 무너지고 말았다.

낮은 주랑
기다란 주랑이 주변 회랑을 이루어 주탑들을 연결한다. 회랑의 벽은 여신들과 서사 장면들을 묘사한 석조 부조들로 가득 채워져 있다.

크메르 통치자들은 앙코르를 버렸지만, 일본, 중국, 태국처럼 먼 곳에 사는 불교와 힌두교 순례자들은 끊임없이 사원을 찾았다.

진입로
돌을 깐 넓은 진입로를 지나면 높은 기단에 이른다. 양쪽 난간의 형태는 힌두의 탄생 신화에 계속 나오는 뱀의 이미지를 표현하고 있다.

물

사원을 에워싸고 있는 해자는 강과 연결된 수로에서 물을 받아 토지에 물을 대었다. 물 공급을 유지하고 관리하는 크메르인들의 탁월한 능력 덕분에 토지 생산력을 유지하여 부유하고 조직적인 사회를 일구어냈다.

석조 건축

건물들은 주로 돌로 지어졌고, 벽에는 얕은 부조가 세밀하게 새겨져 있다. 또한 내쌓기가 되어 있으며, 볼트 모양의 천장을 가진 탑들의 사암과 화산암 표면에 온통 생생한 조각상들이 새겨져 있다. 크메르인들은 목조에서 벽돌조와 석조로 변화하는 건축 방식을 개발했다. 대나무 발을 모방한 벽판이나 지붕의 둥근 천장 같은 장식 모티프는 이전의 건축 형태에서는 생각할 수 없는 것들이었다.

탑

석탑들의 지붕에는 석재들이 내물림 구조로 층층이 쌓여 있다. 둥근 천장의 효과를 내기 위하여 안쪽의 밑면을 원위치에서 갈아내 버렸다. 천장은 금으로 도금한 목재로 채워지기도 했다.

사원 산

중앙 탑 밑의 층진 기단들은 세속적인 산의 모양을 닮았는데, '링가(남근상)', 혹은 인도 신화의 성스러운 메루 산을 표현한다.

양식적 영향

재건 초기에 프랑스 고고학자들은 토착 문명이 아닌 외국 문명이 사원을 지었으리라 보았다고 일부 편협하여, 중국, 인도, 이집트의 양식적인 영향을 강조했다.

둥근 천장의 회랑

회랑의 굽은 지붕은 내쌓기를 한 둥근 석조 천장에 덮여 있지만, 서로 겹쳐지는 지붕 기와를 본뜬 형태로 조각되어 있다.

크라크 데 슈발리에

오론테스 계곡 위로 높이 솟아 시리아의 힘스 고개를 지키고 있는 크라크 데 슈발리에에는 십자군 기사들에게 전략상 중요한 전초기지였다. 무시무시한 곳에 위치한 이 성은 13세기 초에 요새화되었고, 사실상 난공불락의 요새였다. 기존의 요새 터에 세워진 이 성곽은 동심원을 이룬 이중의 방어물과 최후의 아성(강력한 중앙 탑)을 포함한 세 겹의 방어선을 가지고 있었다. 난공불락의 성이긴 했지만 방어물들과 통제된 출입 때문에 역습이 아주 어려워, 수비군은 방어 방식에 의지해야 했다. 1142년에 구호기사단이 넘겨받은 크라크 데 슈발리에에는 그들이 점거하고 있던 기간 동안 열두 번 포위당했고, 1271년에는 결국 베르베르족 군의 손에 넘어갔다. 노르만 석공들의 전통과 아랍 도시의 역사적인 요새를 본뜬 건축 기법을 따라 지어진 이 성곽은 재건과 변형을 거치며 중세 축성법의 인상적인 사례로 남았다. 성곽 안에 있던 촌락이 1932년에 다른 곳으로 옮겨가면서 성 안은 비워졌다.

둥근 천장의 로지아

안뜰의 연회장을 따라 둥근 천장의 로지아가 이어져 있어, 낮의 뜨거운 열기를 피할 수 있게 해준다. 뜰에는 성에서 가장 좋은 방들이 있었는데, 기사들이 주로 생활하는 주거지이자 외벽에 주둔한 용병들을 피하는 도피처로 쓰였다.

방어선

방어물들은 동심원의 방어선으로 배치되어, 아래 뜰에서 외벽을 수비하고, 탑과 안뜰에서 성의 상부를 지켰다. 열린 해자와 바깥 뜰 내의 저수지는 물 저장소로 쓰였다. 1271년에 베르베르족 군이 성곽을 포위하고 바깥 뜰까지 접근했지만 그 이상 전진하지는 못했다. 포위 공격이 한 달 정도 지속되자 수비군은 항복했다.

버트레스 탑

거대한 석벽을 보강하는 버트레스 탑들은 감시와 수비를 위한 잠복 장소가 되어준다.

마키오쿨리

방어하기 위해 만든 외벽의 흉벽에는 둥근 천장의 회랑이 있고, 그 벽면에서 일정한 간격으로 좁은 방들이 캔틸레버 구조로 나와 있다. 그 막힌 방, 즉 마키오쿨리의 바닥에 난 구멍으로 돌을 떨어뜨려, 벽 밑을 파거나 벽을 기어오르는 적들을 막았다.

벽의 기반부

두꺼운 벽의 기초는 벽 밑을 파고 불을 붙여 성의 기초를 무너뜨리려는 공병들의 공격을 막는 데 효과적이다.

로렌스(아라비아의 로렌스)는 1909년에 학부 논문의 자료 조사를 위해 십자군 성들을 여행했다. 그는 크라크 데 슈발리에를 '세상에서 가장 잘 보존되었고, 가장 감탄할 만한 성채'라고 묘사했다.

좁은 구멍들

가늘고 긴 구멍들은 투척 무기의 공격에 비교적 강하고, 안쪽에 넓은 틈이 있어 방어하는 사수의 사정거리가 길어진다.

구호기사단

1109년에는 크라크 데 슈발리에에 거주하는 사람이 있었고, 1142년부터는 구호기사단이 유럽의 그리스도교 군들이 참여한 십자군 전쟁(11~14세기) 동안 그곳에 주둔했다. 이 군사 원정의 목적은 성지(그리스도가 태어난 곳)와 순례 길을 이슬람교도 통치자들로부터 되찾는 것이었다. 제1차 십자군 원정의 성공과 예루살렘의 탈환은 이후 계속된 원정에서는 반복되지 않았다. 십자군이 순례의 자유를 얻고 성묘(聖墓)에 진입하기는 했지만, 성지는 여전히 이슬람의 통치 아래 있었다.

경사진 입구

동쪽 외벽의 문루는 둥근 천장의 좁은 경사로를 통해 위층으로 올라갈 수 있다. 이 좁은 입구에 적이 침입해 들어오면 가파른 진입로의 벽과 지붕에 양쪽으로 나 있는 구멍을 통해 공격할 수 있었다. 모퉁이가 급하게 꺾여 있어 공성(空城) 망치를 자유롭게 사용하기가 어렵고, 빛과 그늘의 대조가 심해 방향 감각을 잃기 쉽다.

탑 위에는 곡물을 빻기 위한 풍차가 있었으며, 성곽은 오랜 포위 공격에도 견딜 수 있는 만반의 준비를 갖추고 있었다. 상부 뜰 밑의 지하실에는 거대한 식량 창고가 있었다.

상부 탑

상부 탑들이 지키는 안뜰에는 숙소, 연회실, 저장실, 예배당, 고위 기사들의 방이 있었다.

비스듬한 제방

상부 벽에는 24.3m 두께의 완만한 제방이 있는데, 그 폭이 높이와 거의 비슷하다. 이 엄청난 형태의 구조물 덕분에 지진뿐만 아니라 땅굴을 파는 공격과 투척 무기의 공격에 견딜 수 있었다.

- **위치** 시리아
- **건축 연도** 11세기
- **건축가** 구호기사단이 개조
- **건물 구조** 석조
- **건물 구분** 성채

멀리 떨어진 요새들은 통신용 비둘기로 연락을 취했다. 통신용 비둘기는 아랍의 기술을 모방한 것이다.

도수관

도수관을 통해 성채에 물이 공급되었다. 포위된 동안에 쓸 비상용 물은 지하 수조에 있었다.

사각형 탑

사각형 탑은 1285년에 지어졌다. 1271년에 성이 점령당했을 때 손상되었고, 나중에 재건되었다. 이와 달리 원형 탑들은 전방위 수비가 가능하다는 이점이 있었다. 원형 벽들은 돌격, 공성 망치 또는 벽 밑을 파는 공격에도 비교적 강했다.

노트르담 대성당

이 고딕 성당의 십자형 평면 구조, 높은 네이브, 트랜셉트와 탑은 11세기의 로마네스크 양식 교회들로부터 물려받은 것이다. 하지만 초기 고딕 양식이 이전의 모든 건축물들을 앞설 수 있었던 까닭은 첨두 아치와 리브 볼트가 지닌 구조적인 잠재력과 융통성 때문이었다. 파리의 노트르담 대성당은 중세 세계의 비전과 성취를 훌륭하게 보여준다. 사람들은 점점 더 높은 공간을 열망했고, 이것을 이루기 위해서는 건축 방식이 획기적으로 발전해야 했다. 33m 높이에 아치 꼭대기의 이맛돌이 있는 성가대석은 이전의 어떤 고딕 건축물보다도 높았다. 네이브를 짓기 시작했을 때 볼트의 높이는 2m이상 높아졌고, 측면 회랑에 버트레스를 댄 지지 방식은 곧 구조상의 결함을 드러냈다. 13세기의 석공들이 그 문제를 해결하기 위하여 착안해낸 것이 바로 고딕 건축의 특징적인 장치인 플라잉 버트레스다.

서쪽 파사드

파사드에서는 좌우 양쪽 아일의 폭을 따라 나란히 세워진 쌍둥이 탑의 수직적 성격과 회랑들의 수평적인 가로 띠 장식이 조화를 이루고 있다. 이 둘이 만들어내는 단순하면서도 강렬한 서양식 입면이 광장을 압도한다.

남서쪽 탑

69m 높이의 남서쪽 탑에는 유명한 15세기의 종이 있었다. 종은 1686년에 다시 만들어졌는데, 세간에서는 이 과정에 금과 보석을 더하면서 청명한 울림을 얻게 되었다고 한다.

빅토르 위고의 소설 《노트르담의 꼽추》(1831)가 성당의 낭만적인 고딕 이미지를 만들어냈다. 이 소설 때문에 고딕에 대한 관심이 되살아나자, 위고는 성당의 복원을 호소할 수 있었다.

버트레스

높은 네이브와 평균 1m 두께의 얇은 벽 때문에, 네이브 볼트의 횡압력을 지탱해줄 외부 버트레스가 필요했다.

유리

고딕 건축물들은 뛰어난 섬세함을 보여주었다. 율동감 있게 배열된 구조 베이들이 석조 뼈대가 되어주는 덕분에 구조적인 기능이 없는 얇은 벽에 유리를 넓게 설치할 수 있었다.

피어

구조를 교정하고 보수하면서 버트레스의 피어들은 더 두꺼워졌다. 부피감 있는 건축 재료들은 네이브의 볼트에서 전해지는 횡력을 수직 분력으로 전환시켜 건물에 안정감을 준다.

중앙 출입구

출입구 파사드에는 중앙 출입구 양옆으로 〈최후의 심판 – 독실한 자의 구속과 악인의 처벌〉을 묘사하는 조각상들이 있다.

장식

건물은 생기 넘치는 조각물로 뒤덮여 있다. 19세기에 유명한 프랑스 건축가 비올레 르 뒤크가 복원을 감독하면서 기괴한 장식이 더해졌다. 그는 단순히 건물을 재건하기보다는, 19세기가 꿈꿨던 고딕에 대한 환상을 반영하여 모든 시대가 뒤섞인 역사를 제시하고자 했다.

성당을 지은 사람들

석공들은 기본 도면과 형판만 가지고 유럽의 위대한 중세 성당들의 건축을 감독하고 꼼꼼하게 지휘했다. 석공들은 주로 단순한 수학적 비율과 건축의 전례에 기초한 직관적인 계산법을 면밀히 지키고 집안 대대로 전수했다. 특수한 대지의 상황과 더 높고 더 밝은 건물을 추구했던 욕망으로 끊임없는 발전이 이루어졌다.

96m 높이의 목조 첨탑은 프랑스 혁명 때 파괴되었다가, 19세기에 프랑스 건축가 으젠 비올레 르 뒤크가 지휘한 복원 작업으로 재건되었다.

- **위치** 프랑스 파리
- **건축 연도** 1163~약 1250년
- **높이** 90m
- **건물 구조** 석조, 목조
- **건물 구분** 성당
- **공사 기간** 약 87년
- **복원** 19세기

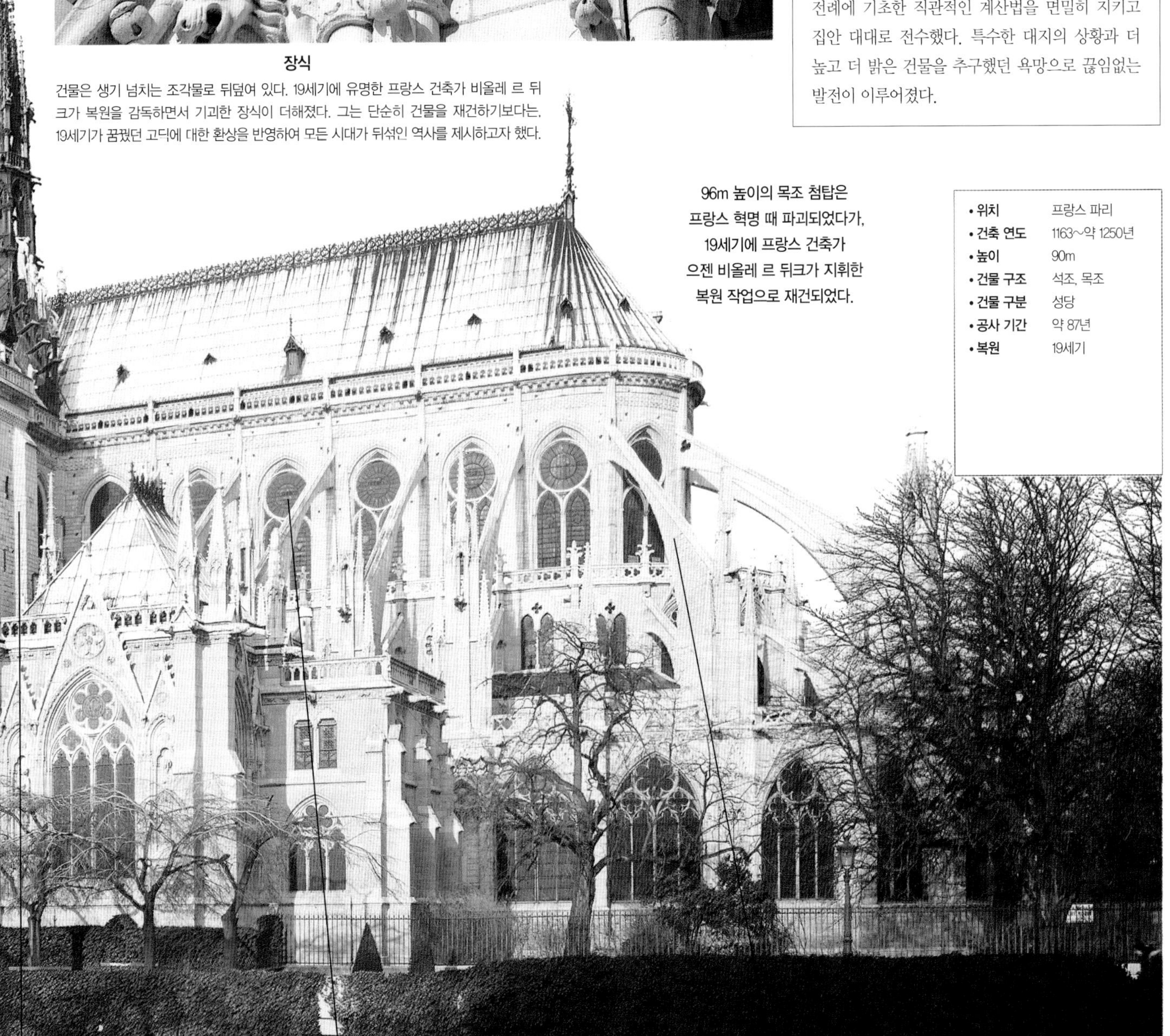

좁은 트랜셉트
트랜셉트가 아주 좁아, 증축 후에도 바깥 아일의 선을 넘지 않았다.

채광창
봉워 전의 네이브에 있던 채광창들은 내부로 더 많은 햇빛을 들이기 위해 13세기에 더 넓혀졌다. 이는 구조재의 발전으로 가능했다.

플라잉 버트레스
이중으로 된 플라잉 버트레스가 건물을 받친다. 위쪽 버트레스는 높은 곳에 부는 바람의 하중을 버티며 힘을 발생시키고, 아래쪽 버트레스는 벽의 추력을 받친다.

알람브라 궁전

711년에 스페인을 침략해 정복한 무어족은 1492년에 그리스도교 군에게 쫓겨날 때까지 거의 8세기 동안 스페인을 지배했다. 그라나다의 알람브라 궁전은 무어족 통치의 최후 거점이었다. 남부 요새인 그라나다와 코르도바가 이슬람 세력의 최서단인 이 지방을 관리했다. 이슬람교도들의 관대한 통치 아래 스페인은 가장 교양 있고 세련된 유럽의 중심지가 되었다. 아랍 통치자들은 이슬람의 전통적인 건축 형식과 관개 방식을 스페인에 도입하여 푸르른 정원과 그늘지고 시원한 중정을 만들어 여름의 무더위를 해결했다. 알람브라 궁전은 무어족 문화의 세련된 향락과 품위를 전형적으로 보여준다. 무어족이 쫓겨나고 스페인이 통일되고 나서 카스티야의 이사벨(1451~1504)과 아라곤의 페르난도(1452~1516)가 잠시 이곳을 관저로 사용했다. 알람브라 궁전은 연이어 있는 매혹적인 방들과 구석구석 아름답고 섬세하게 만들어진 주랑, 중정형 정원 때문에 신비로움을 간직하고 있으며, 그리스도교 전통 속에 탄생한 유럽 고딕에 뒤지지 않는 풍요로운 문화적 유산의 증거물이다.

요새화된 성채 알람브라

시에라네바다 산맥을 배경으로 알람브라 궁전의 벽들이 솟아 있다. 본래 이 궁전은 11세기의 성을 기반으로 지어진 요새화된 성채다. 외벽의 밋밋함은 화려하게 꾸며진 내부의 중정과 대조를 이룬다. 이슬람 건축의 이러한 특징은 주로 외부 파사드 모습에 따라 결정되는 서양의 고전주의적 건축 구성과 뚜렷이 대조된다.

- **위치** 스페인 그라나다
- **건축 연도** 1238~1358년
- **건물 구조** 벽돌조, 석조
- **건물 구분** 요새화된 궁전

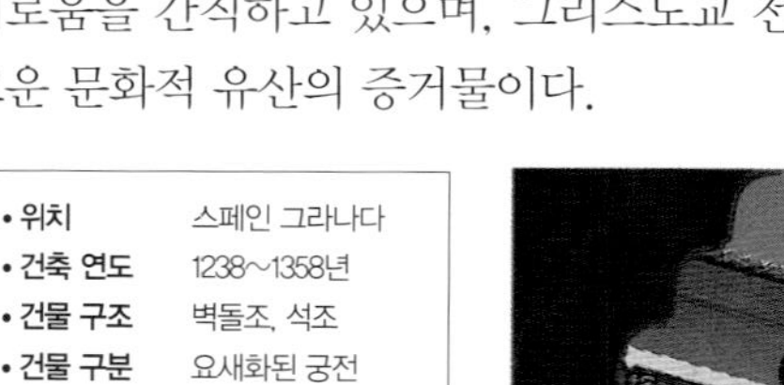

중정형 궁전은 이슬람, 고전기 로마, 중국의 건축에서 발견되는 고대 전통의 일부다. 외관상 딱딱한 요새 건물에 빛과 정원이 더해져 친화적인 휴식 공간이 만들어진다.

중정
사생활이 어느 정도 보장된 개인 공간과 접견실은 짝을 이루어 마주보며 중정을 내다보고 있다. 내부 공간이 애매하게 배치되어 있어 용도를 자유롭게 바꿀 수 있다.

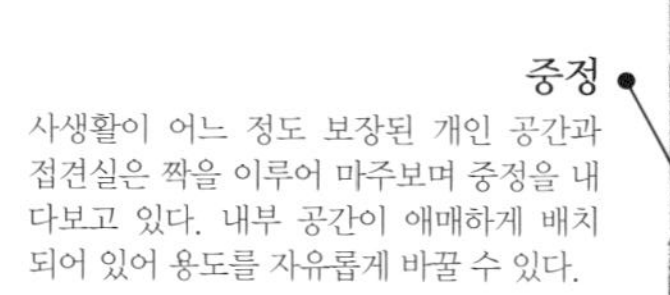

아세키아 안뜰

이 직선 정원의 양측면은 칸막이 벽으로, 양 끝은 아케이드로 둘러싸여 있다. 작은 분수들이 있는 중앙 수로를 따라 수로보다 약간 높게 보행로가 있다. 중정은 도시가 내려다보이는 베란다가 있는 여름 정원인 헤네랄리페의 일부다.

무카르나스
아치의 밑면에는 이슬람 장식의 기본 요소인 '무카르나스'가 반복되어 있다. 이 돌출 브래킷들은 벌집 모양의 돔과 아치로 이루어진 복잡한 기하학적 볼트를 만들어낸다.

천국의 정원
수로들로 나누어진 중정의 사분할 구도는 이슬람교에서 말하는 천국의 정원을 특징적으로 표현한다. 이곳에는 원래 향초와 꽃들이 심어져 있었을 것이다.

수반
중앙의 수반을 열두 개의 사자 석상이 에워싸고 있는데, 각각의 수반에 방수관이 달려 있어 원형 수로로 물을 뿜어낸다. 물보라는 건조한 공기를 축이고 보는 이의 마음을 달래주며 열을 식혀준다.

수로
돌로 포장된 길에 파인 수로가 대칭적으로 놓인 침자들에서 중앙의 수반으로 물을 나른다.

트레이서리
아케이드의 둥근 천장에 발라진 치장 벽토에는 정교한 트레이서리가 새겨져 있다. 돋을새김으로 화려하게 조각된 장식 도안은 밝은 햇빛을 받아 명암이 대비되면 더욱 생생하게 표현된다.

이슬람 장식
장식은 식물 · 장식 서체의 형태를 사용한 아주 세밀한 기하학적 모티프를 벽판에 반복적으로 짜 넣어 통일된 장식을 만들어내는 것이 특징이다.

구조적 리듬
한 개씩, 두 개씩, 세 개씩 짝을 이룬 가느다란 기둥들이나 아케이드 같은 반복적인 요소들이 복잡한 리듬감을 만들면서, 비교적 좁은 중정이 마치 활짝 열린 듯 밝아 보인다.

사자
설화 석고 수반을 받치고 있는 사자 석상들은 고대의 왕권을 상징하는 것으로, 초기 로마네스크 양식에서 유래되었다.

나스르 왕조의 통치자들
알람브라 궁전은 1238년에 지어지기 시작하여 나스르 왕조의 왕들, 주로 유수프 1세(1333~1354년 재위) 때 건설되었다. 궁전의 방들을 중심으로 하는 완전한 도시를 성벽으로 에워싼 형태였다. 당시는 상당한 부가 축적되었지만 정치적 불안기였다. 이슬람교 전통이 집중되어 있는 그라나다를 그리스도교인들이 통치하게 되면서 풍부하고 독창적인 문화 교류가 이루어졌다.

왕들의 방
사자 중정의 동쪽에 있는 왕들의 방에는 벌집 모양의 둥근 지붕으로 덮인 세 칸 공간이 리듬감 있게 이어져 있는데, 높고 햇볕이 잘 든다. 천장이 평평하고 더 낮은 칸들도 군데군데 있다. 벽과 천장의 표면은 조각된 치장 벽토와 자기 타일을 사용한 복잡한 기하학 무늬로 장식되어 있다. 천장을 색칠한 널찍한 세 개의 골방이 직선의 복도에서 벗어난 곳에 있다.

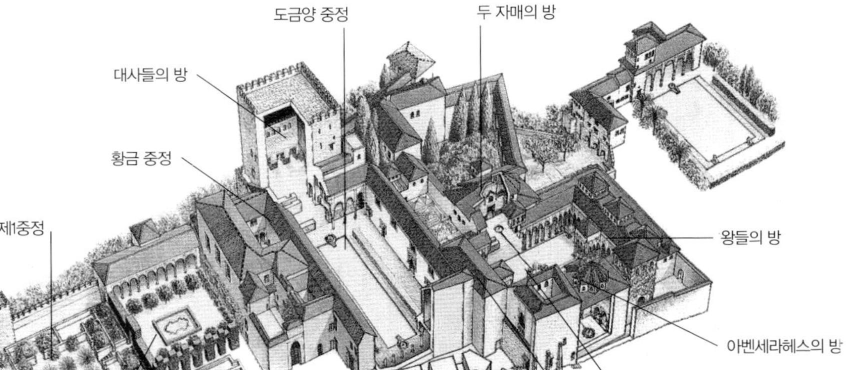
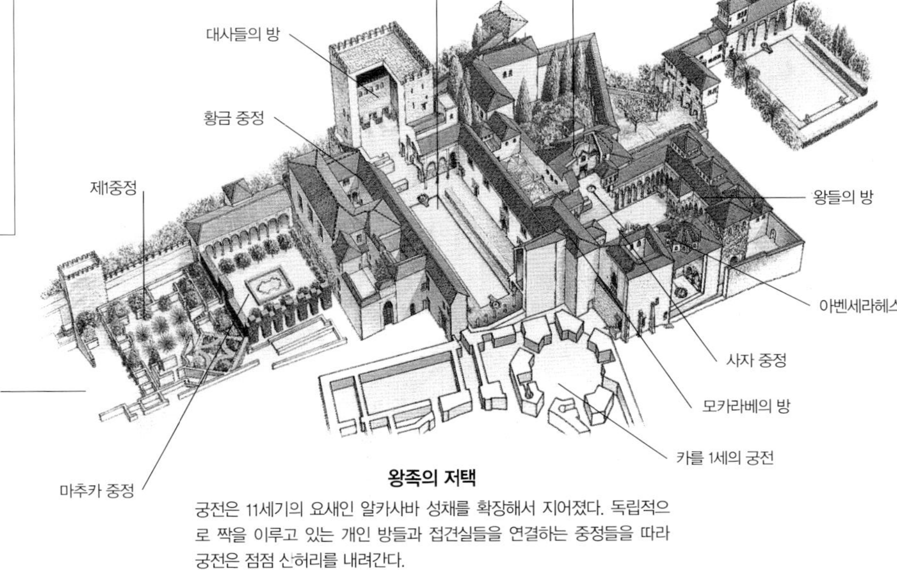

왕족의 저택
궁전은 11세기의 요새인 알카사바 성채를 확장해서 지어졌다. 독립적으로 짝을 이루고 있는 개인 방들과 접견실들을 연결하는 중정들을 따라 궁전은 점점 산허리를 내려간다.

피렌체 대성당

산타 마리아 델 피오레 대성당이라고도 불리는 피렌체 대성당은 1296년에 고딕 양식으로 착공되었고, 토스카나 지방의 로마네스크 건축에 특징적으로 나타나는 상감 세공을 한 대리석 판으로 장식되었다. 공작들 사이에 경쟁이 붙어, 토스카나의 그 어떤 교회보다 높고 거대한 돔이 중앙 네이브 위에 올려졌다. 1418년에 네이브의 구조는 이미 높은 드럼으로 끝을 감싼 피어들을 팔각으로 배열하기로 결정되었지만, 돔을 어떤 공법으로 지을지는 아직 정해지지 않은 상태였다. 이때 필리포 브루넬레스키는 고딕 전통인 석조 볼트와 로마 토목공학의 원칙에 영감을 받아 체계적이고 실용적인 해결책을 제안했다. 이 성당은 과학적 · 미학적 연구라는 새로운 사조와 고딕 세계 사이의 변환을 잘 보여준다. 브루넬레스키가 이룩한 위업은 이탈리아 르네상스의 방향을 결정짓고, 새로운 문화 제국의 중심이 된 이탈리아의 지위를 확고히 했다.

멜론 모양의 돔

고딕 성당에 멜론 모양의 돔이 우뚝 솟아 있다. 돔을 짓는 동안 생긴 기술적인 문제들을 브루넬레스키가 성공적으로 해결함으로써, 피사, 시에나, 루카 등 경쟁 도시국가들 사이에서 피렌체의 위신이 크게 올라갔다.

첨두형 돔

복잡한 구조와 조직적인 공법을 사용하는 브루넬레스키는 독립적으로 서 있는 돔의 장점과 팔각형 모양으로 나눠진 볼트를 조화롭게 사용했다. 돔의 정간 장식은 구조물의 전체 무게를 줄여준다. 동심원을 이룬 석재들과 오늬 무늬 벽돌쌓기는 센터링(임시 골조) 없이 이런 높이와 스팬을 가능하게 해준 선구적인 방식이 되었다.

꼭대기 탑

꼭대기 탑은 브루넬레스키가 설계했지만, 그가 세상을 떠난 이후에 완성되었다. 이것은 돔 중앙의 둥근 창을 막고 밑으로 향하는 수직 분력을 더하여, 돔의 기초 부분이 밖으로 밀어내는 힘을 줄인다.

높아진 돔

드럼에 의해 돔의 높이가 엄청나게 높아졌기 때문에 하중을 수직 방향으로 지지 구조체에 전달해야 했다. 드럼의 밑 부분은 죔쇠로 보강되었다.

리브

두드러져 보이는 4m 깊이의 리브 여덟 개는 중심에서 방사형으로 퍼지는 열여섯 개의 감춰진 리브들이 보강하고 있다.

• **위치**	이탈리아 피렌체
• **건축 연도**	1296~1462년
• **돔의 건축자**	필리포 브루넬레스키
• **8각 평면의 지름**	42m
• **건물 구조**	벽돌조, 석조, 대리석조
• **건물 구분**	성당

브루넬레스키

필리포 브루넬레스키(1377~1446)는 르네상스 건축의 핵심적인 인물이었다. 로마의 건물을 연구하여 고전주의적인 비례와 구조를 깨우친 그는 이를 적용하여 선구적인 기술을 성취하고 구성과 비례를 세련되게 다듬었다.

강화된 돔
벽돌과 돌로 만들어진 안쪽 돔은 갈라진 리브들과 가로로 쭉 이어져 있는 고리들로 보강되고, 바깥 돔은 비바람막이 역할을 한다.

석재
돔의 기초 부분에 있는 석재는 안쪽 돔과 바깥 돔을 연결하는 이음보가 된다. 툭 튀어나온 부분은 공사 기간 동안 석공들의 작업대를 받쳐주는 역할을 했다.

종탑
종탑(1334~1359)은 조토가 설계하고 안드레아 피사노와 프란체스코 탈렌티가 완공했다. 면적 14㎡, 높이 84m에 4층으로 쭉 이어져 있고, 별도의 버트레스는 없다.

앱스
1421년에 반(半)팔각형 앱스를 증축하면서 십자형 고딕 평면이 크게 확대되어, 예배당에 새로운 공간이 생겼다.

이탈리아 교회들의 바실리카 형태는
로마 · 비잔틴 양식을 잇는 건축물로 살아 남았고,
고전주의에서 영감을 받은 르네상스
교회에 맞게 개조되었다.

대리석 상감 세공
뚜렷한 대비를 이루는 대리석 상감 세공의 띠 장식들과 돌출한 코니스 때문에, 북부 유럽의 수직적인 고딕 건축과 대조적으로 가로선이 강조된다.

천단

종교 건축의 근본 목적은 인간과 신, 그리고 자연력을 중재하는 영역을 만들어내는 것이다. 다산과 죽음 사이의 문화적인 연관성은 모든 민족에게 공통적으로 나타나며, 이러한 관계는 낮과 밤의 관계, 태양의 주기 운동, 변화하는 계절과 연결된 표현으로 나타난다. 태양과 별을 관측하여 이러한 주기를 측정하는 일은 종교 건축의 설계에 중대한 원칙으로 사용되는 신성한 기하학을 낳기도 한다. 중국 건축에서는 이것이 건축물과 터의 완벽한 조화로까지 확대된다. 입구와 진입로는 산이나 강 같은 지형적인 힘을 다루는 고대의 풍수설을 통해 결정된다. 1420년에 세워진(1530년과 1889년에 재건) 중국 베이징의 천단(天壇)은 속죄, 신의 뜻, 풍요로운 수확을 얻기 위해 신과 중재할 수 있는 황제의 권한과 정치권력을 확인하는 의식이 열리는 장소다. 제단의 구조, 높은 기단, 성역 내 다른 건축물들과 관계, 도시에서 위치 등은 모두는 신력이나 자연력과 조화를 이루기 위해 통합적으로 결정된다.

사원의 방위는 8세기부터 항해에 먼저 사용되기 시작한 자기 나침반으로 정해졌다. 풍수용 나침반은 길조가 되는 지형과 자연력의 배치를 해석하는 데 쓰이는 복잡한 눈금들로 되어 있으며, 주기에 따라 변화하는 극축 정렬을 보완할 수 있다.

명나라의 제3대 황제

영락제(永樂帝, 1360~1424)는 명(1368~1644)의 제3대 황제이자 가장 강력한 통치자였다. 그는 베이징으로 천도하고, 원나라 몰락 후의 중국을 재건하기 위해 애썼다. 영락제는 재위 기간 동안 몽골로부터 만리장성을 지키기 위한 원정을 성공적으로 이끌었고, 중국을 강력한 해상국으로 올려놓았다.

지붕 기와
지붕 기와의 푸른색은 하늘의 뜻을 받아들임을 상징한다. 엄격한 순서로 깔린 기와는 길한 숫자에 맞추어 방사형을 이루고 있다.

입구
조각된 대리석으로 만들어진 신도(神道)를 따라 남쪽에서 제단으로 들어갈 수 있다. 이 신도는 자금성에서 신성한 제단까지 이어지는 4.8km의 길을 완성하는 마지막 부분이다.

- **위치** 중국 베이징
- **건축 연도** 1420년
- **높이** 38m
- **건물 구조** 목조, 석조 대좌
- **건물 구분** 사원

공포 장식

캔틸레버 구조의 목조 출목과 공포를 장식하는 봉황과 용의 형상들은 음과 양의 조화를 기원한다. 용은 길조를, 자신의 재에서 다시 태어난 봉황은 영원한 생명을 상징한다.

중앙 탑

제단의 위압적인 지붕 구조와 기단은 하늘과 땅, 계절의 변화를 상징한다.

사원 경내에는 환구단(圜丘壇), 기년전(祈年殿), 재궁(齋宮)이 있다.

층

3층으로 구성된 기단은 3층으로 된 지붕과 조화를 이루는데, 3이라는 홀수는 남성의 양(陽)을 의미한다. 제단의 높이는 38m, 내부 지름은 30m이다.

상징적인 구조

목조로 만들어진 구조적인 뼈대는 동심원을 이룬 두 개의 원주를 따라 세 겹으로 배열된 기둥으로 되어 있다. 높이가 18m에 달하는 네 개의 붉은 기둥은 사계절을 의미한다. 열두 개의 바깥쪽 기둥은 열두 달을, 안쪽의 도금된 기둥 열두 개는 낮의 시간 주기를 상징한다.

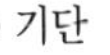

기단

사원은 하늘과 땅의 중재를 강조하는 3단으로 된 높은 기단 위에 서 있다.

대리석 길

길조의 상징들이 새겨진 흰 대리석은 황제가 가마를 타고 계단을 오를 때 지나가는 남쪽 진입로다.

킹스칼리지 예배당

케임브리지의 킹스칼리지 예배당은 영국의 수직식 고딕 양식을 대표하는 살아 있는 결정체다. 탑이나 트랜셉트가 없는 단순한 직선 형태의 예배당은 중앙 중정 주변에 모여 있는 대학 건물의 하나로 지어졌다. 가느다란 복합 피어들과 석공 편수인 존 워스텔이 만든 유려한 부채꼴 모양의 볼트가 아주 섬세한 망상 구조를 이루고 있다. 공사는 세 번에 걸쳐 산발적으로 진행되었는데(1446~1462, 1477~1484, 1508~1515), 처음과 끝은 유럽 역사상 중요한 시기였다. 예배당의 주춧돌을 처음 놓았을 때, 브루넬레스키가 설계한 피렌체 대성당의 돔은 이미 공사 중에 있었다. 예배당이 완공된 1515년에는 중세 시대의 정치 풍토가 바뀌어, 로마 가톨릭 교회의 중심적인 위치가 흔들리고 있었다. 건축이 르네상스 정신에 발맞추어 비종교적인 건축물에 중점을 두는 방향으로 나아가고 있던 시기에, 영국은 수도원 해산과 종교 개혁의 직전에 있었다. 예배당은 16세기의 종교 개혁 동안 수많은 종교 건물들이 당했던 만행을 피하여, 영국 고딕 건축의 마지막을 기리는 진정한 기념비가 되었다.

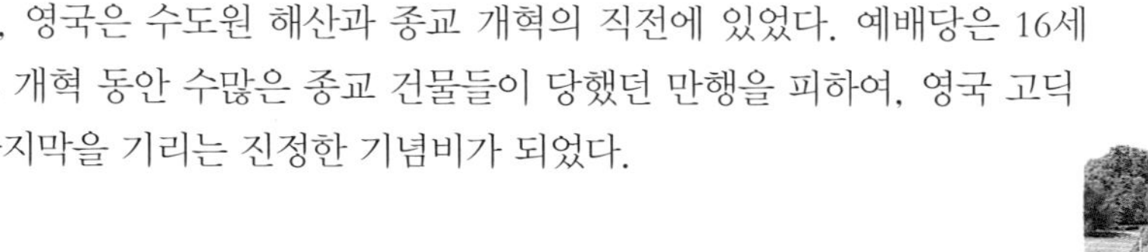

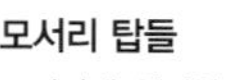

모서리 탑들

모서리에 위치한 탑에는 고딕 양식의 당초 무늬 장식과, 작은 뾰족탑들이 더해진 튜더 양식의 돔이 올려졌다. 전통적인 교회와 같은 탑이 없어서, 종루로 쓸 수 있게끔 위층들에 네 잎 장식과 십자 무늬들이 세공되어 있다.

고딕 아치

고딕 양식의 첨두 아치는 고전적인 반원형 아치보다 폭과 높이를 훨씬 더 유연하게 설계할 수 있다. 두 가지 모두 아치의 지름과 같은 높이에 따라 미리 결정된다. 첨두 아치 구조는 건축 재료의 무게와 양이 더 늘어나지만(반원형 아치의 둘레 길이가 가장 이상적이다), 뾰족한 측면 덕분에 무게가 곧바로 땅으로 전해진다.

트레이서리 창

트레이서리 창의 상부가 내부에 화려한 조명을 더한다. 패널에는 구약성서와 신약성서의 장면들이 묘사되어 있다.

나중에 논란을 일으키며 제단 너머 동쪽 벽에 걸리게 된 루벤스의 〈동방박사의 예배〉(1634)가 투시도를 완성한다.

천장의 부조

천장의 부조들은 방사형의 부채꼴에서 중심으로 전해지는 장력을 덜어준다. 이로써 볼트의 낮은 측면 때문에 외벽에 옆으로 가해지는 추력이 줄어들게 된다. 부조에는 버포트가의 문장인 내리닫이 창살과 튜더 장미가 번갈아 장식되어 있다.

기둥

기둥은 여러 줄기로 나뉘어 있어서 더 가벼워 보인다. 아주 유려한 이 구조적 보강재는 볼트의 상부에서 사라져버리는데, 이는 하늘과 땅의 연결을 상징하는 완벽한 은유이다.

창문 니치

받침대와 덮개를 갖춘 창문 니치는 성인 조각상을 올리기 위한 목적으로 만들어졌다. 예배당이 완공되고 나서는 죽은 자를 기리기보다는 살아 있는 자를 찬양하는 방향으로 예배의 중점이 바뀌었다.

하부 칸막이

하부 칸막이는 네이브를 따라 대칭으로 이어진 측면 예배당으로 들어가는 통로가 된다.

구조 베이

예배당에는 같은 크기의 베이 열두 개가 이어져 있다. 베이들의 획일적인 구조와, 양끝이 박공벽의 모서리 탑들로 마무리되는 피어들은 효과적인 구조 프레임이 되어준다. 피어들 사이의 벽은 하중을 받지 않기 때문에 유리창을 더 넓게 낼 수 있었다.

왕실 문장

왕실 문장은 영국 역사상 중대한 시기인 종교 개혁의 흔적이다. 헨리 8세가 아라곤의 캐서린과의 혼인을 무효로 선언하고 앤 불린과 결혼하여 가톨릭 교회와 사이가 틀어지면서, 영국 역사의 새로운 장이 열렸다.

고딕 볼트는 3세기에 걸쳐 점진적으로 발전했다. 더욱더 복잡하고 높이 치솟은 부채꼴 모양의 볼트에는 장식을 선호하는 영국인들의 취향이 깃들어 있다. 여러 개의 방사형 볼트 선들을 통해 하중이 주요 피어들로 분산되어 구조가 섬세하고 가벼워진다.

헨리 6세

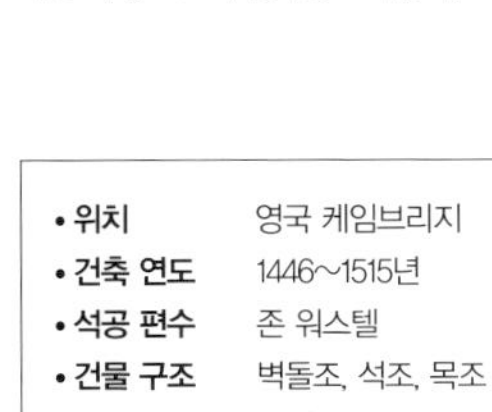

헨리 6세(1421~1471)는 헨리 5세와 발루아의 카트린 사이에서 태어난 독자였다. 1422년에 즉위한 그는 1461년부터 몇 년간 폐위되었다가, 1470년부터 다시 영국을 통치했다. 그는 이튼칼리지(1440~1441)와 케임브리지의 킹스칼리지를 창설했으며 런던탑에서 살해당했다.

성가대석 칸막이

1536년에 목조로 완성된 성가대석 칸막이는 신도와 성직자를 구분하는 경계선이다. 중세풍의 뼈대나 고전주의의 영향을 받은 장식과 아케이드는 고딕으로부터 고전적인 경향의 영국 르네상스로의 변화를 보여준다.

- **위치** 영국 케임브리지
- **건축 연도** 1446~1515년
- **석공 편수** 존 워스텔
- **건물 구조** 벽돌조, 석조, 목조
- **건물 구분** 교회
- **공사 기간** 69년

산 피에트로 교회의 템피에토

르네상스 건축가들은 집중식 평면 구조가 고전적인 사원 건축의 일반적인 형식이며 신성함, 완벽함, 조화로움과 상징적으로 관련이 있다고 믿으며, 그것에 매료되었다. 하지만 그러한 단순한 형태는 제단, 성직자, 평신도를 구분해야 하는 예배의 요건에 맞지 않았다. 그리스도교 순교자들을 기리는 성당은 교회의 기능을 다른 방식으로 충족시켰고, 이교의 고전 사원에 대응하는 그리스도교의 고전 사원이 되었다. 성 베드로가 순교한 곳을 기리는 아담한 규모의 템피에토 속에는 조화와 고전주의 양식을 열망하는 후기 르네상스의 분투가 그대로 녹아 있다. 성골함이 들어 있는 중앙 드럼, 즉 성상 안치소는 단순한 돔으로 덮여 있고 열주랑에 둘러싸여 있다. 평면도 상으로 성상 안치소의 높이는 열주랑의 반지름과 일치한다. 열여섯 개의 도리스식 원주들이 고전주의 관행에 따라 엄격한 비례를 지켜 드럼을 에워싸고 있다. 건축물 각각의 요소들이 서로 간에 그리고 전체와 조화로운 균형을 이루어 단순한 통일감을 만들어낸다.

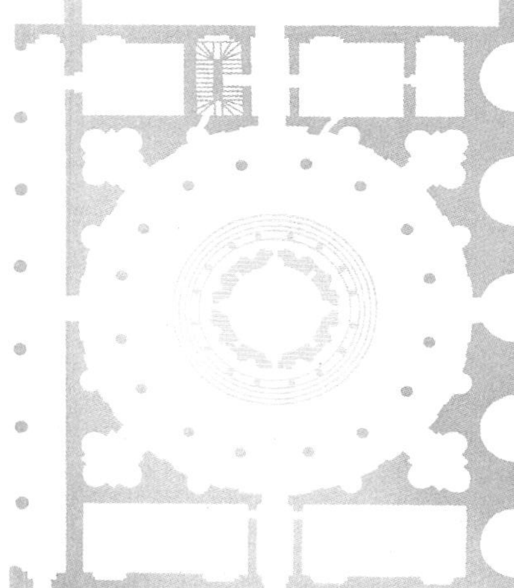

평면도

템피에토는 로마가 내려다보이는 자니쿨룸 언덕에 있는 산 피에트로 수도원의 안뜰에 있다. 안뜰을 새롭게 개조하려던 브라만테의 계획이 이뤄졌다면, 템피에토(가운데)의 체계적이고 기하학적인 비례가 더욱 확대되었을 것이다.

산 피에트로 교회의 안뜰 회랑

수도원 안뜰 회랑에 있는 템피에토는 내부 지름이 4.5m에 불과하지만 기념비성을 극대화하기 위해 관찰자의 시점을 교묘하게 다루었다. 그 형태는 고전주의 사원들처럼 미리 정해진 시점에서 가장 잘 감상할 수 있다.

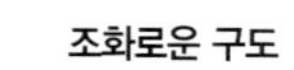

조화로운 구도

브라만테는 원근법을 훈련하고 고대 건축을 면밀히 연구하여 비례와 양식을 실험함으로써, 전성기 르네상스에 새로운 자극을 주었다. 이렇듯 단순하고 조화로운 구도를 추구하는 것은 고전주의 요소를 엄격하게 복제했던 초기 르네상스의 특징에서 벗어난 일이었다.

돔

브라만테의 단순한 리브 돔은 미켈란젤로의 성 베드로 성당(로마)의 돔에 영감을 주었다(44쪽 참고).

니치

드럼의 윗부분에 설치된 니치는 건축물의 장식과 조각을 결합하는 고전적인 방식이다.

도나토 브라만테

이탈리아의 우르비노에서 태어난 도나토 브라만테(1444~1514)는 그림을 공부했고 1477년부터 1499년까지 밀라노에서 작업했다. 그는 만테냐의 지도를 받으며 고대 그리스 · 로마에 대한 열정을 키웠고 원근법의 기하학에 대한 연구로 유명해졌다. 브라만테는 1499년에 로마에 정착했고, 교황 율리우스 2세의 후원 아래 성 베드로 성당의 설계를 의뢰받았다.

프리즈

프리즈는 고전적인 도리스 양식으로 장식되어 있다. 세 겹으로 된 세로 줄무늬로 이루어진 장식판인 트리글리프는 기둥의 위치에 맞춰 기하학적 간격으로 나타난다.

장식

브라만테는 고전 사원들의 과장된 이교도 이미지를 수정하여, 성 베드로의 순교와 그리스도 교회의 예배와 같은 주제로 프리즈를 장식했다.

• 위치	이탈리아 로마
• 건축 연도	1502~1510년
• 건축가	도나토 브라만테
• 높이	4.5m
• 건물 구조	석조
• 건물 구분	사원

토스카나 양식

단순하고 견고한 토스카나 양식은 고전기 그리스에 널리 보급된 도리스 양식을 로마식으로 가늘게 만든 것이다.

고전적인 비례 속에서 끊임없는 실험을 시도하고 있던 브라만테는 1506년에 로마의 성 베드로 대성당을 건설하는 대규모 작업을 의뢰받았다.

템피에토를 의뢰했다고 전해지는 스페인의 페르난도 2세(1452~1516)와 이사벨(1451~1504)이 산 피에트로 수도원을 후원했다.

중앙 드럼

중앙 드럼의 내부 지름은 4.5m에 불과하다. 기하학적 간격과 섬세하게 조율된 비례, 실용적인 규모 때문에 극단적으로 축소된 고전주의 양식이 나타났다.

템피에토는 예수의 열두 사도 중 한 명인 성 베드로가 십자가에 못 박혔다고 알려진 곳에 있다. 건물 밑에는 성 베드로가 순교한 십자가를 세웠던 위치에 납골소가 있다.

기둥

기둥들의 화강암 몸체는 고대 사원에서 떼어온 것으로, 토스카나 양식에 따라 대리석 기반부와 주두가 더해졌다. 브라만테는 성당의 남성적인 주제에 맞게 강한 고전주의 양식을 택했다.

성 베드로 대성당

1100년 된 바실리카식 교회인 로마의 성 베드로 대성당을 재건하는 일은 16세기의 가장 야심 찬 프로젝트 중 하나였다. 교황 율리우스 2세(1443~1513)가 의뢰한 이 작업에는 브라만테, 라파엘로, 미켈란젤로, 베르니니 같은 후기 르네상스의 대표적인 건축가들이 참여했다. 오랫동안 간헐적으로 진행된 공사는 전성기 르네상스가 이전의 엄격한 고대 양식과 결별하고 좀더 자유롭고 절충적인 전성기 바로크와 매너리즘 양식으로 나아가고 있음을 보여준다. 브라만테의 단순한 템피에토(42쪽 참고)에서 영감을 얻어 지어진 성 베드로 대성당은 그리스도교의 영적 근거지라는 로마의 위치를 재확인시켰다. 브라만테의 설계 원안(1506)에서는 돔이 가장 중요한 중심 요소였고, 그 후 다른 건축가들이 수정을 가했지만, 미켈란젤로가 집중식 평면 구조에 거대한 돔을 덮는 최종 설계(1546)를 내놓음으로써 원안으로 되돌아갔다. 성당은 광장의 배경이 되어, 르네상스 역사상 가장 유명한 공공 장소를 완성한다.

성 베드로 광장

성당의 지붕에서 동쪽으로 바라보면 베르니니가 설계한 도리스식 기둥들로 둘러싸인 타원형 광장이 있다. 광장은 전성기 바로크의 축, 역동성, 극치감을 찬연히 뽐내며 웅장하게 뻗어 있다.

십자가

원래 오벨리스크의 뾰족탑에 올려져 있던 놋쇠 구체는 로마 황제 율리우스 카이사르의 유골을 담고 있었다고 한다. 그것이 십자가로 교체되었고, 1740년에는 예수가 실제로 못 박혔다는 십자가 유물이 거기에 끼워졌다. 돔의 꼭대기에 있는 십자가에도 성물들이 들어 있다.

꼭대기 탑

광장에서 137.7m까지 솟은 26.5m 높이의 꼭대기 탑은 조각 같은 성당에 나타난 바로크식 디테일의 절정을 보여준다. 쌍을 이룬 기둥들은 돔과 파사드의 높여진 기반에도 반복되어 있다.

입면

51m를 더 높인 덕에 다른 어떤 르네상스 교회보다 더 높은 성 베드로 대성당은 광장의 장엄한 배경이 되어주고 있다.

방위

성당의 주 정면이 서쪽이 아닌 동쪽을 향하고 있는 색다른 방위는 그 전신인 로마 바실리카식 교회의 형태를 따른 것이었다.

라파엘로가 성당 작업에 참여함으로써 평면도, 단면도, 입면도를 같은 축척으로 그리는 건축 도면이 기록상 최초로 사용되었다. 이러한 3부 체계는 건축 도면의 정석이 되어 오늘날까지 이어지고 있다.

• **위치**	이탈리아 로마
• **건축 연도**	1506~1626년
• **주요 건축가**	미켈란젤로
• **높이**	137.7m
• **건물 구조**	석조
• **건물 구분**	성당

오벨리스크

로마의 칼리굴라 황제가 36년에 로마로 가져온 오벨리스크는 1586년에 지금의 위치로 옮겨졌다. 교황의 명령에 따라 40조의 기수들이 완전한 침묵 속에 오벨리스크를 다시 세웠고, 이는 이집트와 로마의 이교에 대한 그리스도교의 승리로 여겨졌다.

파사드

완성된 파사드에는 27.5m 높이의 거대한 코린트식 피어들이 있다. 미켈란젤로가 설계한 독립적인 포티코는 벽에 붙은 기둥으로 수정되었다.

규모

돔의 규모는 인상적이다. 오른쪽 꼭대기의 원형 양각에 그려진 성 누가의 펜은 길이가 무려 2.3m에 달한다. 작은 돔의 프리즈 둘레에는 "너는 베드로라, 그리고 이 반석 위에 내가 나의 교회를 세우리니"라는 예수의 말이 새겨져 있다.

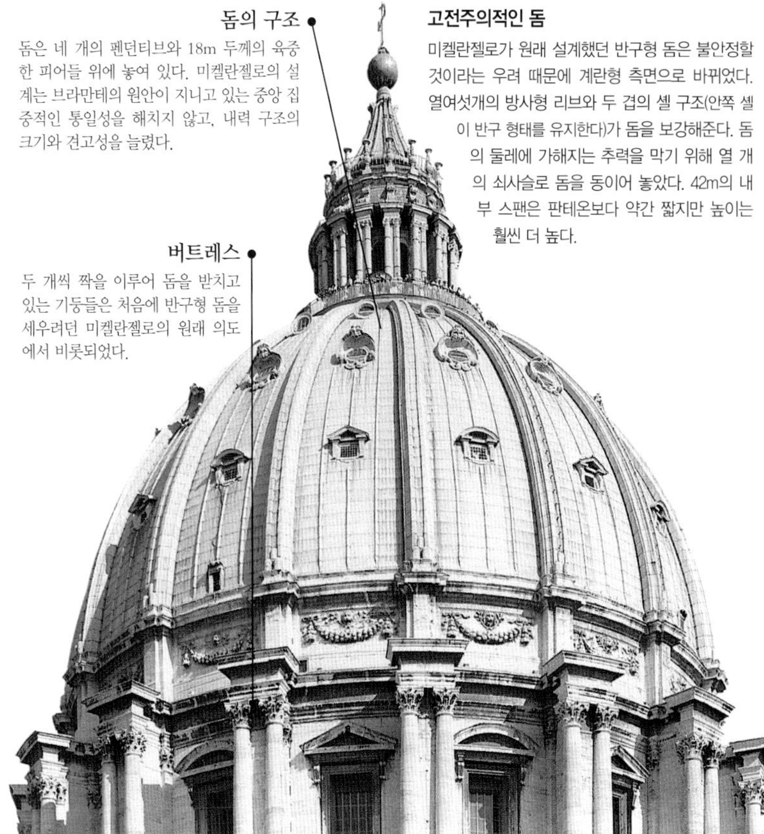

돔의 구조

돔은 네 개의 펜던티브와 18m 두께의 육중한 피어들 위에 놓여 있다. 미켈란젤로의 설계는 브라만테의 원안이 지니고 있는 중앙 집중적인 통일성을 해치지 않고, 내력 구조의 크기와 견고성을 늘렸다.

고전주의적인 돔

미켈란젤로가 원래 설계했던 반구형 돔은 불안정할 것이라는 우려 때문에 계란형 측면으로 바뀌었다. 열여섯개의 방사형 리브와 두 겹의 셸 구조(안쪽 셸이 반구 형태를 유지한다)가 돔을 보강해준다. 돔의 둘레에 가해지는 추력을 막기 위해 열 개의 쇠사슬로 돔을 동이어 놓았다. 42m의 내부 스팬은 판테온보다 약간 짧지만 높이는 훨씬 더 높다.

버트레스

두 개씩 짝을 이루어 돔을 받치고 있는 기둥들은 처음에 반구형 돔을 세우려던 미켈란젤로의 원래 의도에서 비롯되었다.

포티코

미켈란젤로가 처음에 설계했던 개방된 깊은 포티코에 수정이 가해져서, 기념비적인 파사드에 비해 조각적인 효과는 덜한 포티코가 되었다.

집안 대대로 전승된 건축 기술을 가진 일꾼들인 '삼피에트리니'가 건물의 복잡한 표면을 끊임없이 점검하고 때를 벗겨내며 성당을 보존한다. 그들은 성 베드로의 축일이 되면 성당에 수천 개의 횃불을 밝혀 극적인 풍경을 연출한다.

미켈란젤로

미켈란젤로 디 로도비코 부오나로티(1475~1564)가 남긴 예술적 유산은 16세기를 지배하며, 전성기 르네상스의 건축에 구조적·조각적 명료함을 더했다. 교황 바오로 3세의 고집때문에 그는 1546년에 71세의 나이로 성 베드로 대성당의 조영주임이 되었다. 보수를 거절한 그는 일체 설계에 간섭하지 않고 장부 정리 면제를 조건으로 내건 채, '성인의 사랑'으로 작업을 맡았다. 성 베드로 대성당에는 그의 가장 유명한 조각인 피에타가 있다.

납골소

돔과 중앙 제단의 바로 아래에 있는 지하 납골소에는 로마 그리스도교 교회의 창시자로 여겨지는 성 베드로의 무덤이 있다.

미완성된 입면

입면은 나중에 두 개의 탑을 양측에 세워 균형을 맞출 예정이었지만, 이 설계는 기반이 불안정하다는 이유로 실현되지 못했다.

주랑

베르니니가 의도했던 원래 계획안은 광장을 주랑으로서의 완전히 에워싸서 좁은 거리에서 들어왔을 때 느끼게 될 공간의 극적인 대조를 높이는 것이었다.

성 바실리 대성당

1552년 이반 4세가 카잔에서 몽고군에게 승리를 거둠으로써 러시아는 타타르족의 통치에서 해방되었다. 모스크바의 붉은 광장을 내려다보는 성 바실리 대성당은 이 전승을 기리기 위해 지어졌다. 러시아 건축가 바르마와 포스니크가 설계한 이 성당은 전통적인 '장막과 탑' 형식의 교회를 국가 통합의 상징으로 확립하고, 투구 모양의 돔을 씌운 북부의 목조 교회들에 남부의 석공 장식을 결합했다. 또한 베네치아와 교역을 통해 들어온 르네상스 건축의 영향은 이 절충주의에 힘을 실어주었다. 중앙의 '장막'은 동정녀 마리아에게 헌당된 독립된 교회이며, 이를 둘러싼 여덟 채의 독립적인 예배당은 각각 독특한 탑과 양파 모양의 돔을 가지고 있다. 이 통합 성당의 이름이기도 한 성 바실리우스는 동북쪽에 증축된 교회에 묻혀 있다. 황홀할 정도로 화려한 양파 모양의 돔과 수많은 다양한 색의 기와 세공이 17세기 후반에 더해져, 모스크바와 크렘린 궁전을 연상시키는 친근한 실루엣을 만들어낸다.

이반 4세 (뇌제)

모스크바에서 태어난 이반 4세(1530~1584)는 아버지가 세상을 떠난 후 세 살의 나이에 대공으로 선포되었다. 그는 1547년에 차르에 즉위하고, 같은 해에 여섯 아내 중 첫 아내와 결혼했다. 이반은 공포 정치로 유명하지만, 그의 별칭은 '외경심을 불러일으킨다'라는 뜻의 단어 'grozny'에서 나왔다. 그는 중앙 집권적 러시아를 건설하고 러시아를 유럽 속으로 진입 시켰다. 이반은 1584년에 사망할 때까지 러시아를 통치했다.

중앙 교회
나침반 바늘 모양의 무늬는 팔각형 기초의 예배당 네 채에 더 작은 탑들이 대각선 축으로 흩어져 있는 구도를 나타낸다.

평면도
평면도의 중심을 이루고 있는 중앙 교회는 앱스를 갖추고 있고, 주축에 있는 네 채의 팔각형 예배당에 둘러싸여 있으며, 네 채의 다각형 예배당들이 군데군데 있다. 평면의 구조는 단순하지만, 삼각 무늬나 아치 무늬가 있는 드럼들을 지나 물결처럼 파도치는 돔들을 향해 올라가면서 복잡하면서도 아주 조각적인 구도가 나타난다.

- **위치** 러시아 모스크바
- **건축 연도** 1555~1560년
- **건축가** 바르마, 포스니크
- **건물 구조** 석조
- **건물 구분** 성당

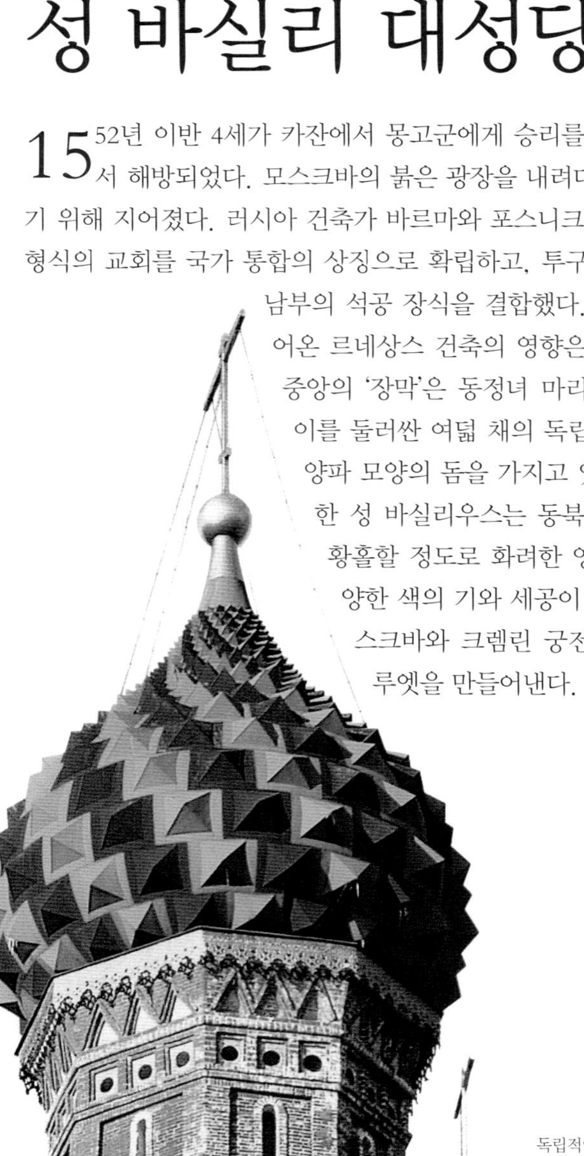

'장막과 탑' 교회
'장막과 탑' 교회의 층 진 구조는 북부 러시아의 목조 교회에서 시작되었다.

상징적 형태
독립적인 예배당들이 중앙 교회를 둘러싸고 있는 형태는 부상하는 국가인 러시아 속 모스크바의 권력자 집단과 중앙집권화를 상징한다.

돔
화려하게 장식된 돔들은 나중에 예배당에 추가되었다. 교회는 원래 흰색으로 칠해졌다가 17세기에 다양한 색으로 꾸며졌다.

양파 모양의 돔
그리스도교 건축에 양파 모양의 돔을 사용하게 된 기원은 불분명하지만, 아마 예루살렘의 성묘 교회에서 영향을 받은 듯하다. 이슬람 사원 건축의 형태 사이에서 보이는 두드러진 유사성은 비잔틴 건축의 동양적인 영향을 드러낸다.

성 바실리 대성당은 요새화된 성채인 모스크바 크렘린 궁의 성벽 바로 외곽에 있다. 크렘린 궁에는 호화 관저들, 수도원, 그리고 제정(帝政) 관련 사건들을 기념하는 수많은 봉헌교회가 있다.

빌라 로톤다

예술적인 시도와 건축적 성취를 높이 평가하던 이탈리아의 전성기 르네상스에는 도시 주택과 전원 저택을 지어 달라는 의뢰가 넘쳐나면서, 비종교적 건축이 전례 없는 호황을 누렸다. 조판 인쇄라는 새로운 매체를 통해 고대 사본들이 다시 세상에 나왔고 고전적인 주제들이 인기를 끌었다. 베르길리우스나 호메로스의 시와 함께 자연, 미, 비례가 다시 연구되고, '아르카디아풍의 목가적인 풍경'을 배경으로 한 건축이 예술 장르가 되었다. 전성기 르네상스의 과도한 양식은 안드레아 팔라디오가 선보인 우아한 고전주의의 차분함이나 절도와 완벽한 대조를 이루었다. 비첸차의 빌라 로톤다는 사원 건축의 고전적인 요소들을 전원의 은신처라는 품위 있는 장소에 적용한다. 전원을 배경으로 한 이런 이미지는 미묘한 변주가 무한정 가능해, 조지 왕조풍의 대저택에서부터 빌라 사부아와 같은 20세기의 현대식 빌라에 이르기까지, 절제된 양식의 웅장한 저택들에 모범이 되었다.

정형적 구도

빌라 로톤다는 언덕마루에 있어 어느 방향으로나 전망이 좋다는 이점이 있다. 팔라디오가 설계한 많은 빌라들에서 나타나는 비례와 대칭은 건물의 평면이나 각 입면의 파사드까지 확대되어 있다. 포티코안에서 바라보는 풍경과 조경된 환경에서 바라보는 저택의 풍경 모두 기하학적 구조와 엄격한 정형적 구도에 따라 설계되었다.

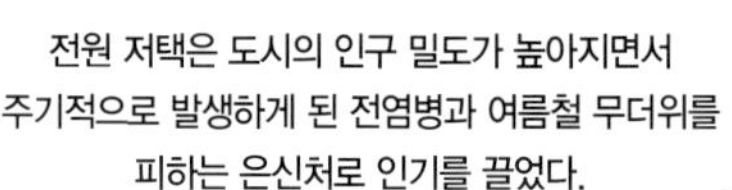

전원 저택은 도시의 인구 밀도가 높아지면서 주기적으로 발생하게 된 전염병과 여름철 무더위를 피하는 은신처로 인기를 끌었다.

REGINA VIRTVS

I QVATTRO LIBRI DELL'ARCHITETTVRA Di Andrea Palladio.

Ne' quali, dopo un breue trattato de' cinque ordini, & di quelli auertimenti, che sono piu necessarij nel fabricare;

SI TRATTA DELLE CASE PRIVATE, delle Vie, de i Ponti, delle Piazze, de i Xisti, et de' Tempij.

CON PRIVILEGI.

IN VENETIA, Appresso Dominico de' Franceschi. 1570.

건축 이론

안드레아 팔라디오의 건축 논문인 ≪건축사서≫는 팔라디오의 설계도뿐만 아니라 고대 건물들의 조직적인 비례 체계도 기록하고 있다. 이 책은 1세기에 씌어진 고전주의 건축서인 비트루비우스의 ≪건축십서≫(1486년 초판)가 다시 출판되면서 언급된 경향을 따랐다.

레온 바티스타 알베르티의 ≪건축론≫(1485) 같은 건축서들은 유럽 전역에 고전주의의 영향과 르네상스를 널리 퍼뜨리는 데 일조했다.

피아노 노빌레

전원 풍경을 즐길 수 있는 바깥 계단을 통해 주 생활 공간인 피아노 노빌레로 들어간다.

• **위치**	이탈리아 비첸차
• **건축 연도**	약 1552년
• **건축가**	안드레아 팔라디오
• **건물 구조**	석조
• **건물 구분**	별장

안드레아 팔라디오

안드레아 팔라디오(1508~1580)는 새롭고 단순한 접근법으로 후기 르네상스 건축에 활기를 더했다. 그는 고전주의 양식의 연구와 복원으로 가장 유명했기 때문에 고향인 이탈리아 비첸차 근방에 교회와 개인 저택들을 많이 의뢰받았다. 베네치아의 레덴토레 교회도 그가 설계한 작품이다. 그의 영향력은 영국과 미국에까지 미쳐, 팔라디오주의는 18세기의 대표적인 양식이 되었다.

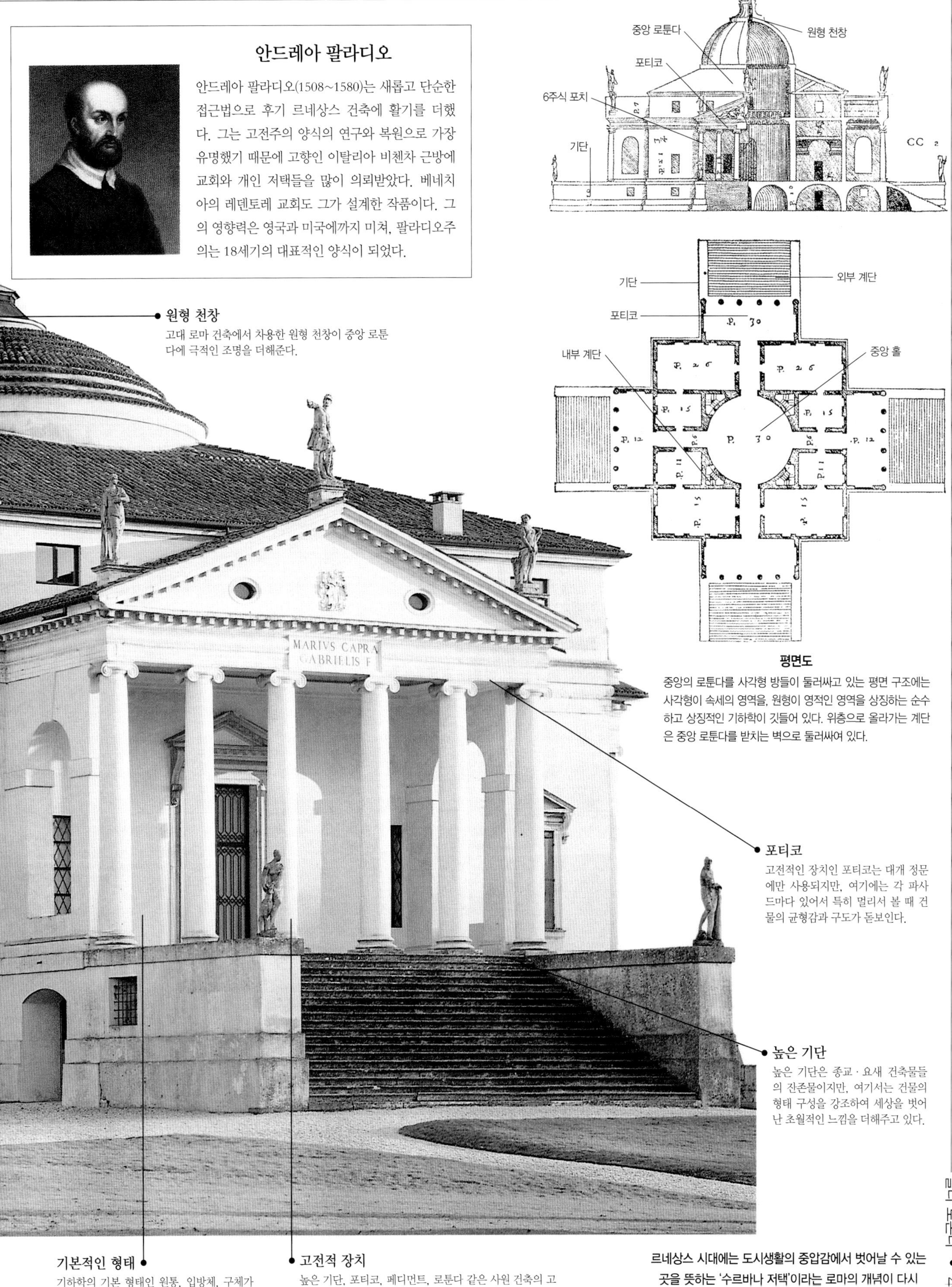

원형 천창
고대 로마 건축에서 차용한 원형 천창이 중앙 로툰다에 극적인 조명을 더해준다.

평면도
중앙의 로툰다를 사각형 방들이 둘러싸고 있는 평면 구조에는 사각형이 속세의 영역을, 원형이 영적인 영역을 상징하는 순수하고 상징적인 기하학이 깃들어 있다. 위층으로 올라가는 계단은 중앙 로툰다를 받치는 벽으로 둘러싸여 있다.

포티코
고전적인 장치인 포티코는 대개 정문에만 사용되지만, 여기에는 각 파사드마다 있어서 특히 멀리서 볼 때 건물의 균형감과 구도가 돋보인다.

높은 기단
높은 기단은 종교 · 요새 건축물들의 잔존물이지만, 여기서는 건물의 형태 구성을 강조하여 세상을 벗어난 초월적인 느낌을 더해주고 있다.

기본적인 형태
기하학의 기본 형태인 원통, 입방체, 구체가 정교한 세부 처리 없이 단순하게 어우러져 부피감 있는 구성을 강조한다.

고전적 장치
높은 기단, 포티코, 페디먼트, 로툰다 같은 사원 건축의 고전적인 장치들이 주거용 건물에 맞게 교묘하게 적용되어, 주변 환경과 거주자 모두의 위풍을 강조한다.

르네상스 시대에는 도시생활의 중압감에서 벗어날 수 있는 곳을 뜻하는 '수르바나 저택'이라는 로마의 개념이 다시 살아났다. 이렇듯 평온함을 추구하면서 자연과 전원을 이상으로 다루는 낭만주의가 생겨났다.

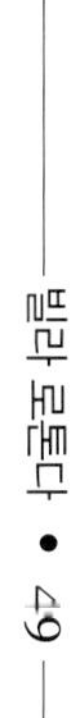

하드윅 홀

영국은 유럽 전역에 영향을 미치고 있는 이탈리아의 르네상스 건축을 재빨리 받아들이지 못했다. 종교개혁 때문에 영국은 문화적으로 고립되어 있었고, 엘리자베스 1세 여왕은 사치스러운 왕실 사업을 자제하고, 자신의 관심과 권력을 얻는 데 혈안이 된 신하들에게 비종교적인 건축물을 짓도록 장려했다. 왕실 사람들의 사치가 부추긴 이러한 상황은 여왕의 신격화를 북돋웠고, 상류계급 사이에서는 부를 과시하고 건물을 짓는 일이 성행했다. 하드윅 홀은 일반인들이 원했던 가정적인 안락함을 접목시킨 고딕 교회 건물(유리와 석조를 이용한 구조)의 전통과 발달을 보여준다. 기분 좋은 균형감과 기발함이 건축과 조경 설계에 반영되어 있다. 원형 상태 그대로 보존된 홀은 후기 르네상스의 영향을 받기 전 영국 건축의 미학적인 특징을 보여준다.

고급 응접실

의회장실이 있는 3층에는 연회와 음악회에 사용된 고급 응접실이 있다. 에덴동산의 장면을 묘사한 회반죽 프리즈는 이탈리아 르네상스의 영향을 받기 전 영국의 장식 예술을 보여주는 좋은 사례다.

작가 겸 전기 작가인 에드먼드 로지(1756~1839)는 하드윅의 베스를 이렇게 묘사했다. "남성다운 이해력과 품행을 지닌, 오만하고, 사납고, 이기적이고, 냉혹한 여인이다. 그녀는 건축가, 땅 장사꾼, 고리 대금업자, 농부, 상인이다."

슈루즈버리 백작부인

일명 하드윅의 베스로 알려진 슈루즈버리 백작부인(1518~1608)은 하드윅의 뉴홀 건축에 자신의 재산과 열정을 쏟아 부었다. 진품 태피스트리와 가구들이 화려하게 진열되어 있는 뉴홀은 엘리자베스 여왕 시대 건축의 진면목을 보여준다. 저택의 설계는 전통적인 장인 건축가와 구별되는 최초의 영국 건축가인 로버트 스미스슨(1535~1614)이 맡았다. 롱리트 저택(1567~1580)과 월라턴 홀(1580~1588)에서도 나타나듯, 스미스슨의 디자인은 효율적인 기술, 유쾌한 착상, 기하학적 창조성을 갖춘 절제된 개념적 설계다.

1층

부와 지위를 과시하기 위해 당시 무거운 세금이 부과되었던 유리를 과도하게 사용했다. 창의 개구부는 눈에 보이지 않는 석조 아치와 상인방에 받쳐 있어 하중이 벽으로 전해진다.

홀

2층 높이의 중앙 홀은 건물의 앞쪽부터 뒤쪽까지 특이한 평면 구조로 이어져 있다. 내부 공간 전체를 차지하는 전통적인 홀과 다른 이러한 구조는 융통성 있는 내부 설계와 다양한 공간 배치를 가능케 한다.

계단

중앙 계단이 집안 곳곳을 통과하며 쭉 이어져 있어, 가족과 손님들의 운동과 오락 장소로 쓰였다. 하인들은 엄격한 격식을 따라, 1층 부엌에서 3층의 고급 응접실까지 음식을 날랐다.

기하학적인 정원

저택의 외관을 완성하는 기하학적인 정원도 균형감 있고 기발하게 설계되었다. 깎아 다듬은 주목 울타리로 만들어진 미로와 화훼 장식은 뜰에서 운동을 하는 동안 눈요깃거리로 즐길 수 있었다. 정원과 과수원 사이에는 자갈길이 깔려 있다.

• **위치**	영국 더비셔
• **건축 연도**	1590~1597년
• **건축가**	로버트 스미스슨
• **건물 구조**	벽돌조, 석조, 목조
• **층수**	3층
• **건물 구분**	귀족 저택

소용돌이 장식

'슈루즈버리의 엘리자베스'의 머리글자 'E S'와 백작부인의 작은 관이 석조 소용돌이 장식으로 표현되어 있다. 가문의 문장은 중앙 입구 위 지붕 난간에 있다.

탑 방들

4층에 있는 탑 방들은 북쪽 탑의 계단과 평평한 지붕 난간을 통해 드나들 수 있다. 이 방들은 휴식과 오락, 그리고 아름다운 전망을 즐기는 용도로 쓰였다.

붙박이창들

측면에는 굴뚝 때문에 튀어나온 부분을 가려주는 막힌 가짜 창들이 몇 개 있다. 실용성보다는 균형감의 표현을 우선시한 것이다. 다른 곳은 굴뚝의 연통들이 내부 교차벽들을 따라 위로 올라가기 때문에 입면에 최대한 많은 수의 창문을 낼 수 있었다.

2층

2층에는 평상시에 사용하는 식당인 대응접실과 예배당으로 쓰는 상부 회랑이 있다. 2층 높이의 주 홀을 가로지르는 색실들은 중이층 회랑을 지나 가족의 개인 방과 침실, 하녀들의 방으로 연결된다.

좌우 대칭의 입면

사면 모두 면밀하게 구성된 저택은 엘리자베스 여왕 시대에 집착했던 치밀한 대칭성을 보여준다. 직사각형 평면 구조의 경계선에서 여섯 개의 탑이 돌출해 나와 있다. 위로 더 높여진 탑들은 파사드에 위압감을 더해준다.

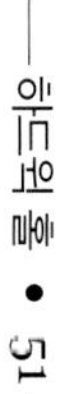

가츠라 이궁

가츠라 이궁[桂離宮]은 일본의 고대 제국 수도인 교토의 남서쪽에 있는 가츠라 강 근처에 자리한다. 궁과 정원은 16세기 후반 문화 시대에 방계황족의 은신처로 사용되었다. 본궁은 칸막이가 없는 목조 건물로, 간소한 다다미방들과 계절이 변화하는 미묘한 아름다움을 감상할 수 있도록 지면에서 높이 올려 지은 툇마루가 있다. 정성 들여 가꾼 길을 따라 본궁을 둘러싸고 있는 정원의 정자들과 별채들은 일본의 고전 시가 속에 묘사된 몽환적이고 자연적인 풍경을 연상시킨다. 구내의 모든 건물들은 절제된 소박함을 지니고 있으며, 정교하게 조경하여 인공 환경과 자연 환경이 뚜렷하게 구분되지 않는다. 울타리나 포석과 같은 인공물들은 비바람에 닳았고, 천연 지형은 깎이고 정렬되고 닦여 독특함과 '기이함'이 두드러진다. 이것이 자아내는 면밀하고도 매혹적인 효과는 건축물과 조경에 대한 미학적 인식을 높여준다.

건축물과 정원은 메이지 시대(1868~1912)에 쇠퇴했다가, 일본 고유의 건축 양식을 서양에 보급한 근대건축가 브루노 타우트에 의해 '재발견'되었다. 프랭크 로이드 라이트, 르 코르뷔지에, 발터 그로피우스와 같은 건축가들도 가츠라 이궁을 찾았다. 그들은 천연 재료 사용, 순박함, 융통성 있게 조절된 열린 구조가 캘리포니아와 북유럽의 현대적 설계에 어울린다고 생각했다.

돌출 처마

처마가 낮게 돌출되어 있어 빗물은 건물을 건드리지 않고 주변의 자갈길과 돌길 위로 떨어진다. 처마는 직사광선을 피하는 가리개도 되어준다. 돌길에 반사된 빛은 종이를 바른 쇼지[障子]를 통과하면서 내부로 은은하게 쏟아진다.

식재

깎아 다듬은 초목들은 중간 거리에서 자연스럽고 비정형적인 모습으로 변해버린다. 초목들은 정적인 느낌과 동적인 느낌, 엄밀한 정형성과 순수한 창조성 사이에서 단순하면서도 강렬한 균형을 이루고 있다.

쇼킨테이[松琴亭]

소나무로 만든 거문고 정자라는 뜻의 쇼킨테이는 가장 격식이 있는 다실이다. 주 쇼인[中書院]에서 시작된 잘 다듬어진 통로를 지나고, 석판 한 장으로 만들어진 다리를 건너면 이곳에 다다를 수 있다. 건물은 단순한 초가지붕을 이고 있으며, 목재, 종이, 대나무로 만들어진 전원적인 칸막이가 부분적으로 설치되어 있다. 주실의 다다미에 앉아서 행하는 다도를 준비하는 부엌이 딸려 있다. 정자는 땅 위로 올라와 있지만 주 쇼인보다 더 직접 외부와 연결되어 있고, 더 전원적인 재료로 지어졌다. 바깥 원주들 중 몇 개는 마감이 덜 되어 나무껍질이 그대로 남아 있지만, 모든 목재는 꼼꼼하게 갈고 닦여 독특하고 자연스런 나름의 특색을 드러내고 있다.

다도(茶道)

가츠라 이궁의 정원은 다도(또는 차노유[茶の湯]) 의식과 담화를 즐기기 위해 찾아온 손님들을 모시는 곳이었다. 다도는 일본에서 특별한 문화적 의미를 지니며, 시, 서예, 철학, 도예에 영감을 주는 원천이기도 하다. 미학적으로 이토록 세련된 황궁이 지어질 수 있었던 것은 부활한 막부 권력이 황실의 영향력을 예술과 학문에만 국한시켰기 때문이다.

돌

풀과 이끼로 덮인 잔디에 놓은 돌들은 호숫가로 가는 비정형적인 길이 되고, 중간 섬들이나 정자들로 건너가는 다리가 되어준다. 신중하게 골라 깔아놓은 들쭉날쭉한 매끄러운 알돌들은 건물을 둘러싼 길들의 깔끔하게 정리된 테두리나 정형적인 선들과 대조를 이루고 있다.

'우스운 생각'이라는 뜻의 쇼이켄[笑意軒]이라는 다실은 이 외딴 은신처의 성격을 여실히 드러낸다. 이름은 세상의 무상함을 비웃은 은둔 시인 이백에게서 영감을 받은 것이었다.

쇼인[書院]

본궁은 쇼인식 구조로 지어졌다. 학문의 장소를 뜻하는 쇼인은 다다미방, 낮은 책상, 예술 작품이나 꽃꽂이를 진열하는 벽감인 도코노마[床の間], 책, 종이, 서예 도구 등을 얹어놓는 치가이다나[違棚] 등을 갖추고 있다.

계절의 변화

열린 구조의 건축은 날씨가 무덥고 습할 때에 쉽게 통풍을 할 수 있다는 장점이 있다. 반면, 차단하고 둘러막는 것이 없어서 가을과 겨울의 축축하고 쌀쌀한 날씨는 막아주지 못한다. 이렇듯 취약한 환경 속에서는, 벚꽃이나 아름다운 단풍을 기다리는 기대감 같은 계절 변화의 문화적 의미를 더욱 강렬하게 경험할 수 있다.

툇마루

건물의 방향과 대나무로 만들어진 툇마루는 호수에 비친 달을 가장 잘 감상할 수 있도록 설계되었다. '가츠라(계수나무)'라는 이름은 나무, 달, 꿈 세계와 시적인 연관성을 지닌다.

호수

징검돌을 밟다 보면 호수에 이른다. 가츠라 강에서 갈라져 나온 천연 개울로 형성된 호수는 밤에 배를 띄우고 떠오르는 달을 감상하는 곳으로 사용되었다. 작은 길이 호수를 에워싸며, 아담하게 조경된 곳들을 지나간다.

• 위치	일본 교토
• 건축 연도	1620~1658년
• 건물 구조	목조
• 층수	1층
• 건물 구부	왕식 저택
• 공사 기간	38년

타지마할

북부 인도 아그라 근처의 줌나 강 남쪽 연안에 위치한 타지마할은 무굴 제국의 황제 샤 자한이 아내인 뭄타즈 마할을 기리기 위해 지은 영묘다. 이슬람 건축은 11세기와 12세기에 페르시아 침략자들에 의해 북인도로 전파되어, 15세기부터 18세기까지 무굴 왕조의 건축에 영향을 미쳤다. 그리스도교 건축과 달리 이슬람 건축에서는 세속적인 건축물과 종교 건축물이 뚜렷하게 구분되지 않는다. 구상적인 이미지보다는 추상적 설계를 선호하는 이슬람 건축은 기하학적으로 통제된 모습을 보인다. 타지마할은 완벽한 감각의 구도와 배경 구성을 보여준다. 묘가 있는 본 건물을 둘러싸고 있는 모스크, 홀, 통로는 전체의 기하학적 배열과 구도를 보완하며, 통합적이고 이상적이면서도 완전한 효과를 자아낸다.

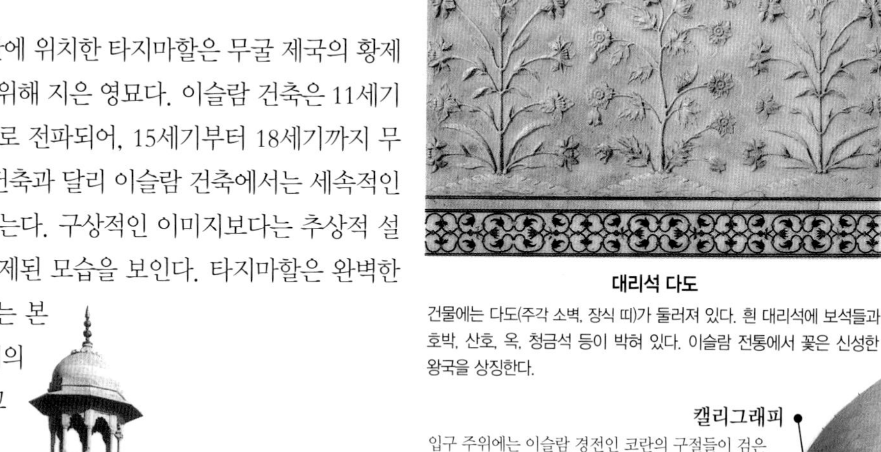

대리석 다도

건물에는 다도(주각 소벽, 장식 띠)가 둘러져 있다. 흰 대리석에 보석들과 호박, 산호, 옥, 청금석 등이 박혀 있다. 이슬람 전통에서 꽃은 신성한 왕국을 상징한다.

캘리그래피

입구 주위에는 이슬람 경전인 코란의 구절들이 검은 돌을 박아 넣은 아름다운 서체로 새겨져 있다.

재료

벽돌과 허드렛돌로 이루어진 중심부 위에 고급 대리석을 금속 장부촉으로 이어 붙였다.

기도 탑

미너렛들은 전체 구조를 정원에서 들어올려져 대좌의 끝머리에 서 있다.

섬세한 장식

움푹 들어가 있는 아치형 개구부들은 수정이나 청금석 같은 준보석들을 박아넣은 꽃 무늬와 검은 돌을 아로새긴 캘리그래피에 둘러싸여 있다. 내부의 둥근 천장과 삼각 소간(인접한 두 아치 사이의 삼각형 공간)에 새겨진 부조에도 이러한 세부 장식이 되풀이 되어 있다.

반영

흰 대리석 외장과 수변 조경 공간에 반사된 빛의 미묘한 색조들이 건물에 영묘한 고요함을 더한다.

본채

본채는 강둑 위에 있다. 강 건너편에 검은 대리석으로 샤 자한의 영묘를 비슷하게 지어, 정원 가장자리에 있는 이 미너렛과 대칭을 이룰 예정이었다.

널리 퍼져 있는 이슬람 건축 양식은 이슬람교가 문화적으로 우월함을 증명한다. 이슬람 건축은 간명한 기하학에 의지하여 대칭과 균형을 사용하는 것이 특징이다. 복잡하고 기하학적이고 통합적인 장식 안에 독특한 설계 요소들이 깃들어 있다. 설계의 주된 축이 메카를 향해 기도하는 것인 만큼, 사원은 이슬람의 성지인 사우디아라비아의 메카를 향하고 있다.

천국의 풍경

지상낙원의 모습으로 설계된 6.9헥타르의 정원에는 이국적인 꽃과 나무들이 넓게 심어져 있었을 것이다.

대리석 대좌

대리석 대좌는 강의 범람으로부터 영묘를 지켜준다. 석조 제방이 강의 침식 작용으로부터 정원을 지켜준다.

분수

분수는 정원의 주축을 이룬다. 지하로 끌어온 강물이 수로와 정원에 사용되었다.

샤 자한과 뭄타즈 마할

무굴 제국의 위대한 건설자인 샤 자한(1592~1666)은 진주 모스크(1646~1654)가 있는 궁전 요새(1639~1648)를 확장하여 샤자하나바드(현재의 올드 델리)를 건설했다. 그가 남긴 유산은 무굴 왕조의 세력, 부, 열정을 보여준다. 뭄타즈는 출정 길에 왕을 따라 나섰다가 아이를 낳는 도중에 숨졌다.

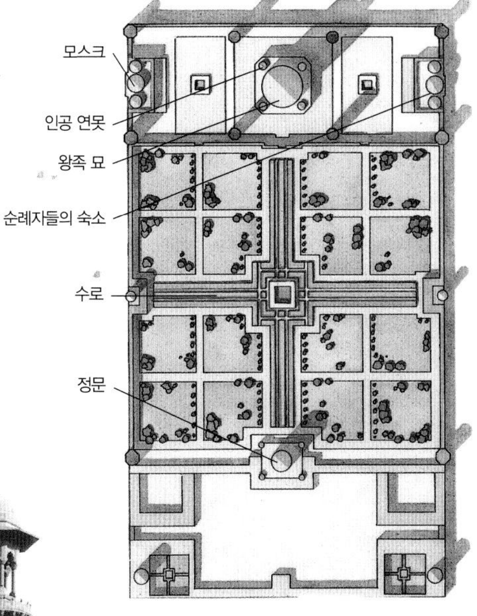

타지마할의 평면 구조

정원의 주축은 북쪽의 입구에서 남쪽의 묘까지 뻗어 있다. 분수가 설치되어 있고 사이프러스가 양가에 줄지어 서 있는 십자 수로(천국의 네 강을 상징한다)는 흰 대리석으로 만든 연꽃 모양의 중앙 수조에서 교차한다. 주변의 홀, 모스크, 통로는 전체의 기하학적 배열과 구성을 보완해준다.

정식(頂飾)
중앙 돔 위에 17.1m 높이의 놋쇠 장식인 정식이 올려져 있다.

"나와 함께하는 자들 가운데 들어와 나의 천국으로 들라."
코란 89장

영묘의 건축에 최고의 석공들이 동원되었다. 완공된 후, 이처럼 정교한 건물을 다시는 짓지 못하도록 왕이 석공 편수의 손을 자르도록 명령했다는 이야기가 전해진다.

움푹 들어간 볼드형 입구
우묵한 볼드형 입구를 통해 안으로 들어가면, 중심 공간에 기념비들이 구멍 뚫린 대리석 막들에 둘러 싸여 있다. 진짜 묘들은 그 바로 밑의 지하실에 있다.

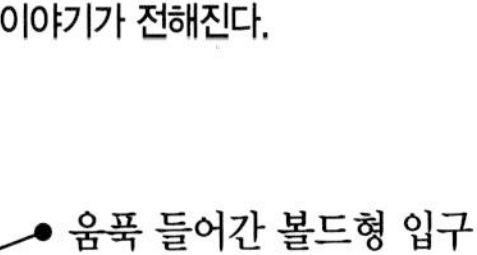

구도
미너렛들은 돔에 집중된 구도를 상쇄시켜준다.

돔

중앙 홀을 덮고 있는 주 돔은 중앙 드럼 위에 놓여 있고, 그 주위로 네 채의 팔각 탑이 둥근 지붕의 더 작은 정자를 받치고 있다. 중앙의 안쪽 돔은 높이가 24.4m이고, 그 위에 61m로 올려진 바깥 돔은 외부 셸 구조에 길고 가느다란 윤곽을 더해준다.

• 위치	인도 아그라
• 건축 연도	1630~1653년
• 높이	61m
• 건물 구조	벽돌과 허드렛돌로 이루어진 중심부에 대리석 외장
• 건물 구분	영묘
• 공사 기간	23년

물
가습, 세정식, 냉각에 물을 사용한 것은 종교적 은유와 정교한 기후 통제 장치를 결합한 절묘한 방책이었다.

사이프러스
수로와 나란히 나 있는 돌길을 따라 사이프러스(애도하기 위해 묘지에 심는 나무)가 서 있다.

많은 이슬람 건축물들의 목적은 양파 모양의 돔이나 첨탑처럼 익숙하고 표준화된 형태들을 통해 바로 알아볼 수 있다.

포탈라 궁

히말라야 고원의 높은 곳에 위치한 티베트는 7세기부터 실천해온 바지라야나, 즉 탄트라 불교를 중심으로 한 독특한 문화적 정체성을 지켜왔다. 라싸에 있는 포탈라 궁은 광대한 문화적 복합체의 고유한 역사적 전통을 간직한 곳으로, 티베트의 정치 · 종교 · 역사의 중심지이다. 궁은 400m 길이에 13층 높이다. 5대 달라이 라마가 티베트의 수도를 재건하는 의미로 바이궁(1645~1690)을 지었고, 홍궁(1690~1694)은 1682년에 그가 사망한 후에 지어졌다. 7세기에 지어진 수도원 대신 들어선 바이궁에는 대전, 수도승들의 숙소, 침궁이 있었다. 바이궁은 성물함과 영탑들이 있는 홍궁을 에워싸고 있다. 포탈라 궁은 1950년에 티베트를 침략한 중국의 티베트 문화 억압과 1959년에 일어난 현 14대 달라이 라마의 망명이라는 가슴 아픈 역사를 간직하고 있다.

윤회

처마를 장식하는 도금된 수레바퀴는 돌고 도는 인생, 즉 환생을 표현하는 이미지로 윤회를 상징한다. 이는 부처의 가르침을 설명하는 비유로 자주 사용된다. 여덟 개의 바퀴살은 해탈에 이르는 여덟 가지 길을 의미한다.

달라이 라마의 무덤

홍궁에는 사당, 성물함, 그리고 역대 8대 달라이 라마들의 시신을 미라로 만들어 화려하게 장식하고 안치한 영탑들이 있다.

석벽

초벌칠한 상층 벽들에 이어, 다듬지 않은 거친 석벽이 산중턱에 13층 높이로 솟아 있다. 붉은 벽은 해마다 인부들이 야크 털로 만든 밧줄을 타고 물감을 칠한다.

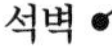

서쪽 경내

서쪽 경내의 남걀 수도원에는 전통적인 방식으로 궁을 돌보는 200명의 수도승들이 있다.

위층에 있는 침궁들은 창의 크기가 커서 빛과 전망, 통풍이 좋다. 달라이 라마의 방은 1.5×1.5m의 크기밖에 되지 않는다고 한다.

• 위치	티베트 라싸
• 건축 연도	1645~1694년
• 높이	200m
• 건물 구조	벽돌조, 석조
• 건물 구분	궁

행로

종교 축제의 장소로 쓰이는 중정과 출입구를 연이어 지나면 궁에 이른다. 모든 방문객들, 순례자들, 기원자들, 공식 방문자들이 다양한 공간적 경험을 하게 되는 행로는 영적인 깨달음에 이르는 길을 은유적으로 암시하고 있다.

"포탈라 궁은 인간이 지은 것이 아니라, 마치 저절로 자라난 듯한 인상을 준다."

영국 여행가 프레디 스펜서 채프먼

장식

사진 속의 금도금한 문 부속품과 같이 선명한 색채의 화려한 장식은 중국과 인도의 영향에서 유래한다. 불교와 함께 전래된 중국과 인도의 이러한 영향은 토착 예술과 건축의 신비스러운 고대의 전통과 뒤섞인 결과물이다.

달라이 라마

티베트의 종교적 · 세속적 지도자인 달라이 라마는 17세기부터 라싸의 궁에서 티베트를 통치했다. 현 달라이 라마가 죽으면 고승들은 라마의 영혼이 환생한 아이를 찾아 넓은 지역을 오랜 기간에 걸쳐 조사한 다음, 차기 달라이 라마를 선출한다. 아이는 즉위 나이가 될 때까지 수도승들에게 맡겨져, 섭정자와 자문회의 통제 속에 궁에서 자란다.

금도금

사당과 홀에 있는 금도금한 작은 탑들은 티베트 방식으로 장식되어 있는데, 세상의 고통에 대한 승리를 표현하는 상징이다. 사당 홀의 금도금에는 4.25톤의 금이 사용되었다.

동쪽 중정

16,000㎡의 동쪽 중정에서 중요한 불교 행사들이 열린다.

비단 차일

창에는 야크 털로 만든 검은색 커튼과 밝은 색의 비단 차일들이 걸려 있다. 특별한 행사가 있을 때에는 거대한 비단 현수막이 가파른 궁벽에 펼쳐진다.

높은 기단

높은 기단은 신성한 구역인 궁과 속세를 경계 짓는다.

아래층

아래층의 지하 저장실에는 불교가 들어오기 전의 토착 종교인 본교의 어두운 사당들이 숨겨져 있다고 한다.

벽

벽은 폭이 400m이며, 높이가 200m이다. 짐꾼들과 짐말들이 멀리서 운반해온 돌로 절벽 면에 지어졌다.

세인트 폴 성당

1666년에 일어난 런던 대화재로 구 세인트 폴 성당이 무너졌다. 건축가 크리스토퍼 렌 경이 제안한 신축 성당의 설계 원안은 네이브나 아일 없이 팔각형 돔을 덮은 그리스식 십자형의 집중식 평면 구조였다. 길게 늘인 고딕식 십자형 평면 구조에서 크게 변하는 것을 꺼린 교회는 이 계획안을 거절했다. 설계는 수정되었지만, 중앙 로툰다를 높이 올린 바로크식 교회를 더 선호했던 렌은 1675년부터 1710년까지 공사가 진행되는 동안 계속해서 설계를 변경했다. 신축 성당은 구 세인트 폴 성당과 같은 부지에 재건되었다. 신축 성당은 내부에서나 외부에서나 건축적으로 가장 인상적인 돔으로 손꼽히는 로마의 성 베드로 대성당과 피렌체 대성당의 돔에 견주어 볼 때 결코 뒤지지 않으며, 구조적 혁신이라는 측면에서는 그들과 맞먹는다. 수학자로서, 노련한 건축가로서 천재적인 렌은 전체적인 형태에서부터 작은 세부까지 모든 요소들을 유려하고 균형 잡힌 설계로 녹여낼 줄 알았다. 런던의 스카이라인에 장중한 아름다움을 더해 준 세인트 폴 대성당은 영국 바로크 건축의 가장 중요한 성과물이다.

측면

측면의 붙박이창들과 높아진 높이는 기다란 고딕 평면 구조의 네이브 벽들을 받쳐주는 힘이 된다. 크리스토퍼 렌은 측면의 많은 점들을 꼼꼼하게 고려하여, 전체적 외관을 통합적으로 설계했다.

돔

돔은 3중 구조로 되어 있다. 목조 버팀대의 바깥쪽 큐폴라와 함석지붕 덮개는 석조 꼭대기 탑, 구체, 십자가도 받치고 있는 중간의 벽돌 원뿔체 위에 얹어져 있다. 이 원뿔체는 셀 구조를 강화하는 쇠테들로 보강되어 있다. 안쪽의 벽돌 돔은 내부 장식을 수월하게 만든다.

탑

전체 설계 속의 개별적인 요소로서 능란하고 절도 있게 처리된 탑들은 영국 바로크의 유동적인 특징을 전형적으로 보여준다.

꼭대기 탑

벽돌 원뿔체가 받치고 있는 850톤의 꼭대기 탑은 건물의 하중에 상당한 수직 분력을 더하여, 돔의 기부가 밖으로 밀어내는 힘을 상쇄시킨다.

바깥 돔

납으로 덮인 바깥쪽 돔은 직경 30.8m의 가벼운 목조 뼈대가 받치고 있다. 높은 드럼 때문에 높아진 높이는 로마의 성 베드로 대성당의 돔과 맞먹는다.

고전적인 윤곽

설계가 잇달아 수정되면서 고딕식 뾰족탑을 얹은 큐폴라에서 고전적인 윤곽으로 바뀐 돔이 건물 전체의 구성을 완성한다.

높아진 드럼

높게 올려진 드럼은 건물에 독특한 윤곽을 더하며, 돔을 부각시킨다.

17세기 후반에 구조 과학은 걸음마 단계에 있었다. 갈릴레오는 ≪두 개의 신과학에 대한 대화≫(1638)를 발표하여, 물질의 강도와 구조적 힘의 과학적 근거를 밝히기 시작했다. 아이작 뉴턴 경(1642~1727)은 ≪운동 법칙≫에서 큰 진보를 이루었다. 왕립협회를 창설한 렌과 로버트 후크(1635~1703)는 이론적인 힘의 본질을 연구했다.

채광창

채광창의 빛은 드럼 주위의 창들을 통해 직접적으로, 꼭대기 탑의 하부와 안쪽 돔의 꼭대기에 있는 원형 천창을 통해 간접적으로 내부를 비춘다.

사도 바울

정면부에 높이 올려진 조각상들이 눈에 띈다. 중앙 포티코 위에 사도 바울의 조각상이 있고, 그 양옆에 사도 요한(오른쪽)과 사도 베드로(왼쪽)의 조각상이 있다.

고전적인 표현 양식에 관한 한 자신만만한 권위자였던 렌은 고대의 선례를 상투적으로 따르는 것을 넘어서서 조화로운 통일성을 이루어냈다.

페디먼트 속 장면

포티코의 페디먼트에는 사도 바울이 다마스쿠스로 가는 길에 계시적인 환상을 본 이후 그리스도교로 개종하는 장면이 묘사되어 있다.

페디먼트

페디먼트는 경사진 지붕을 가리는 고전적인 장치이다. 파사드와 주요 건축 요소들의 정형적인 구성이 특징인 바로크 건축은 건물 구조의 실용적인 요소들을 감추는 경우가 많다.

성당은 35년 내에 지어졌고, 단 한 명의 건축가가 살아 있는 동안 처음부터 끝까지 감독하고 완성한 최초의 성당이었다.

세밀하고 탁월한 장식이 전체 구성의 조화를 해치지 않으면서 파사드에 생기를 더해준다.

서쪽 파사드

성당의 동서 주축은 구 성당에서 약간 옮겨졌다. 회중들은 부활의 은유적 표현으로 부활절 아침의 일출을 맞게 된다.

기둥들

둘씩 짝을 이룬 포티코의 독립적인 기둥들이 탑의 벽주로 바뀌는 형태를 보면, 구조를 조직하는 렌의 탁월한 능력이 잘 나타난다.

“요즘 대부분의 건축가들이 장식에 그토록 치중하면서도 건축의 가장 본질적인 부분인 기하학을 무시하는 까닭을 도무지 알 수 없다.”

크리스토퍼 렌 경

중앙 교차부

네이브와 아일에 걸쳐진 돔은 중앙 교차부를 밝게 하며 예배와 국가 행사에 장엄함을 더해준다. 그리스식 십자형 평면에서 라틴식 십자형 평면으로 바뀌면서, 돔의 하중을 바닥으로 전달하는 노련한 대책이 필요했는데, 이 문제는 제의실과 계단을 이루는 피어들이 상당한 무게의 돔과 꼭대기 탑을 받쳐줌으로써 해결되었다.

• **위치**	영국 런던
• **건축 연도**	1675~1710년
• **건축가**	크리스토퍼 렌 경
• **높이**	111.5m
• **건물 구조**	벽돌조, 석조
• **건물 구분**	성당
• **공사 기간**	35년

크리스토퍼 렌 경

크리스토퍼 렌 경은 1666년의 런던 대화재 이후 런던의 재건에 건축적으로 기여를 하고, 과학적인 학식이 높았다는 점에서 당대의 위대한 지성인이라 할 만하다. 렌은 대화재 이후 런던시의 재건설을 위해 임명된 세 명의 왕실 공사감독관 중 한 명이었다. 그의 주된 임무는 1670~1711년 사이에 런던시의 52개 교회를 재건하는 것이었다.

하워드 성

17세기 후반에 이니고 존스와 크리스토퍼 렌 경이 설계한 건축물을 통해 이탈리아 르네상스는 영국에 뒤늦게 들어오게 되었고, 부유한 건축주들이 열망하는 양식이 되었다. 영국의 바로크 양식은 영국의 온화한 기후와 상류사회라는 배경에 융화되면서, 건축주, 건축가, 기술자 각자의 개성 아래 양식적인 발전을 이룰 수 있었다. 존 밴브루 경은 건축주인 칼라일 경의 상당한 부와 열정을 등에 업고, 극적인 설계를 펼칠 수 있는 환경 속에 대담하고 남다른 건축적 비전을 발휘하여 영국 요크셔의 하워드 성을 지었다. 처음으로 큰 설계 프로젝트를 의뢰받은 밴브루는 렌 밑에서 조수 생활을 했던 니콜라스 호크스무어에게 큰 도움을 받았다. 밴브루의 웅장하면서도 생기 넘치는 기하학적인 구성은 건물의 부피감과 기념비적 성격을 부각시키면서, 이 바로크 건축물에 독특한 극적 특징을 더해주고 있다.

진입로
풍경에 계획적으로 배치된 꼭대기에 특징적인 무늬가 있는 성문과 피라미드형 건물, 오벨리스크를 지나면 저택에 이른다. 8km 길이의 기하학적 축은 마지막에 방향이 달라지면서, 방문객은 성의 북쪽 파사드를 옆으로 가로질러 입구의 뜰로 들어가게 된다. 남측 입면의 주요 방들에서는 기하학적 정원들과 분수가 보인다.

• 위치	영국 요크셔
• 건축 연도	1699~1726년
• 건축가	존 밴브루 경, 니콜라스 호크스무어
• 건물 구조	석조, 목조
• 건물 구분	시골 저택

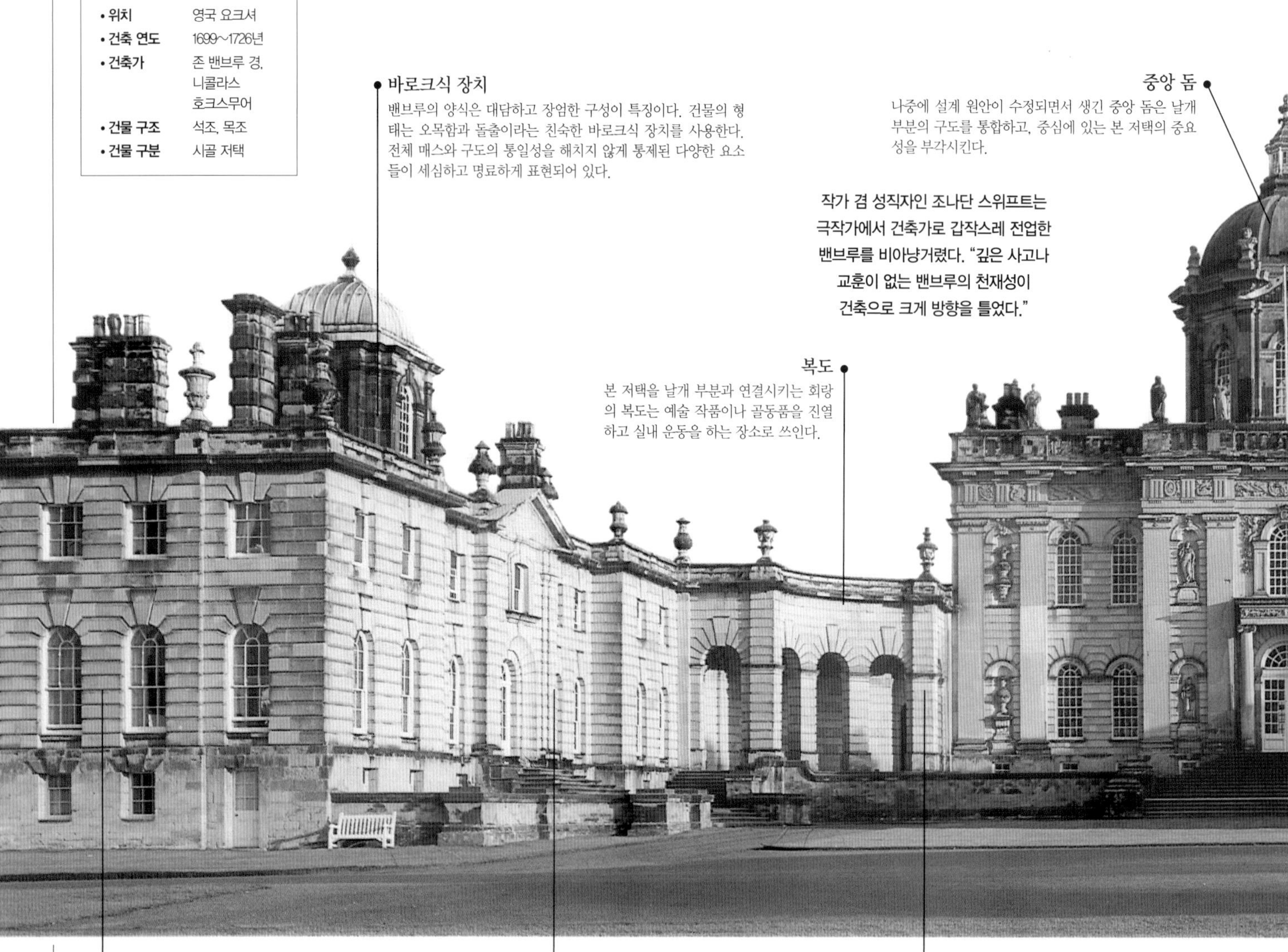

바로크식 장치
밴브루의 양식은 대담하고 장엄한 구성이 특징이다. 건물의 형태는 오목함과 돌출이라는 친숙한 바로크식 장치를 사용한다. 전체 매스와 구도의 통일성을 해치지 않게 통제된 다양한 요소들이 세심하고 명료하게 표현되어 있다.

중앙 돔
나중에 설계 원안이 수정되면서 생긴 중앙 돔은 날개 부분의 구도를 통합하고, 중심에 있는 본 저택의 중요성을 부각시킨다.

작가 겸 성직자인 조나단 스위프트는 극작가에서 건축가로 갑작스레 전업한 밴브루를 비아냥거렸다. "깊은 사고나 교훈이 없는 밴브루의 천재성이 건축으로 크게 방향을 틀었다."

복도
본 저택을 날개 부분과 연결시키는 회랑의 복도는 예술 작품이나 골동품을 진열하고 실내 운동을 하는 장소로 쓰인다.

동쪽 날개
공사는 동쪽 날개에서 시작되어 본 저택으로 이어졌다. 그러고 나서 정원의 조경이 끝난 다음 서쪽 날개가 완공되었다.

보조 날개
보조 날개가 늘어나면서, 하워드 성의 이름이 유래된 이전 저택인 헨더스켈프 성을 헐어야 했다.

석재
아주 뚜렷하게 층층이 쌓여 있는 벌꿀색 마름돌은 사유지에 넓게 펼쳐져 있는 채석장에서 캐온 것이었다.

존 밴브루 경

존 밴브루 경(1664~1726)은 장교와 간첩, 복고 희극 작가라는 직업을 거쳐 건축에 관심을 돌렸다. 저명한 휘그당원이었던 그는 니콜라스 호크스무어(1661~1736)를 알게 되면서, 자신의 사회적 지위를 이용, 귀족들을 위해 일하는 최고 건축가가 되고자 하는 열망을 더 쉽게 이룰 수 있었다. 1702년에 공사 감사관으로 임명되고 블레넘 궁(1705~1724)의 건축을 맡은 그는 영국 바로크 건축계에서 명성과 영향력을 확고히 다졌다

네 가지 바람의 사원

중앙 로툰다

포티코

높아진 토대

대칭적인 파사드

네 가지 바람의 사원은 안드레아 팔라디오가 지은 빌라 로톤다의 축소판으로, 제한된 작은 규모 내에서 증대된 밴브루의 뛰어난 구성 능력을 보여준다. 건축을 풍경의 한 부분으로 보는 이 사원과 니콜라스 호크스무어의 영묘(브라만테의 템피에토에서 영감을 얻음)는 영국 바로크 건축의 최고 걸작이라 할 만하다. 이런 방식은 후에 통렬한 아름다움을 선보이는 영국 픽처레스크 양식의 조경 전통으로 이어진다.

중앙 홀

높은 돔으로 덮여 있는 중앙 홀은 웅장하면서도 정교하게 세부가 처리된 바로크 양식의 전형을 보여준다. 돔은 1940년 화재로 손상되었다가 대부분 재건되었다. 1709년에 조반니 펠레그리니가 그린 천장화는 아폴로의 태양 마차를 몰다가 지상으로 떨어진 파에톤의 이야기를 묘사하고 있다. 이는 칼라일 경의 정치적 불운과 프랑스의 '태양왕' 루이 14세가 1704년의 블레넘 전투에서 당한 패배를 풍자한다.

입면

밴브루는 주 파사드를 북향으로, 주요 방들을 남향으로 대담하게 바꾸어, 언덕마루 위에 가장 아름다운 자태로 저택을 지었다.

규모

넓게 뻗은 날개 부분은 본 저택의 웅장함을 더욱 부각시킨다. 밴브루의 설계는 통일된 구도 속에서 통제된 동적인 감각을 유지한다.

조각된 표면

프랑스의 장인 나돌은 군 기장과 아기 천사를 새기고 조각상을 깎아, 유려한 파사드를 만드는 데 큰 기여를 했다.

서쪽 날개

토머스 로빈슨이 건축한 서쪽 날개(1753~1759)는 밴브루, 호크스무어, 칼라일 경이 사망한 후에야 완공되었다. 설계 원안에서 크게 변경되어, 부피감과 디테일이 원래 건물과 일치하지 않는다.

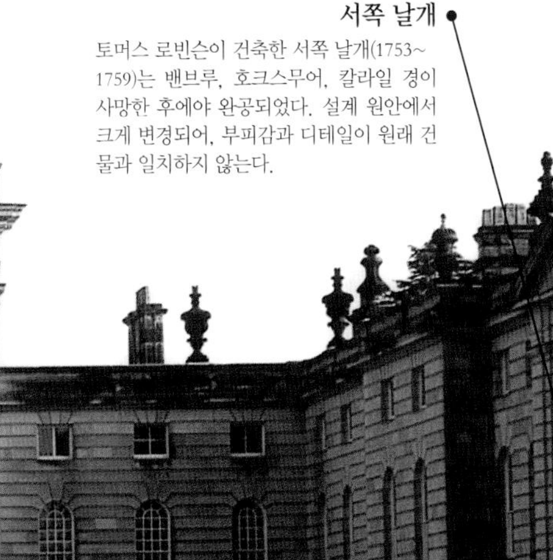

팔라디오주의 양식

옆쪽의 날개 부분들이 저택의 본체에 연결되어 있다. 더 긴밀하긴 하지만 이러한 형태는 넓게 펼쳐진 팔라디오풍 시골 별장들의 평면 구조에서 따온 것이다.

웅장한 설계

조경 계획 때문에 기존의 헨더스켈프 성은 본 저택에서 식당이 떨어진 곳으로 옮겨서, 사유지 일꾼들과 그 가족들을 위한 숙소로 재건되었다.

1699년에 밴브루가 하워드 성의 건축을 맡으면서 카일리 경이 원래 건축가였던 윌리엄 탤먼은 해임되었다. 밴브루는 1726년에 사망할 때까지 작업을 계속했다.

로열 파빌리온

로열 바필리온은 영국의 멋진 해안 휴양지인 브라이턴에 자리하며 '정신병원이자 집'으로 묘사된다. 또한 이곳은 프랑스 혁명 전의 구체제가 끝나가던 시기에 섭정 황태자(나중에 조지 4세)가 여흥을 즐기던 곳이었다. 팔라디오풍의 저택을 절충적이고 변덕스러운 픽처레스크 양식의 화려한 궁으로 개조했다. 왕족의 연회장으로 계획된 지극히 유럽적인 건축물이지만, 외부는 인도 무굴 제국 건축의 동양풍으로, 내부는 초기 시누아즈리(중국풍)로 꾸며져 있어, 낭만주의 시인들의 작품으로 유행하게 된 이국적 환상의 동양적인 신비로움을 전하고 있다. 그 공예 기술과 솜씨는 놀라운 수준이다. 험프리 렙턴과 제임스 와이엇의 기존 계획안을 정교하게 다듬은 건축가 존 내쉬의 설계는 당대의 심미안과 기술의 한계에 도전한다. 구조재로 사용된 주철은 내부 인테리어를 위해 대나무처럼 꾸며졌고, 실내를 돋보이게 하기 위해 가스등을 설치했다.

존 내쉬

존 내쉬(1752~1835)는 여러 건축 양식에 조예가 깊었다. 그가 설계한 도시 저택의 단순한 기하학과 완전한 곡선은 섭정기 우아함의 전형을 보여준다. 그 주택들은 절제된 고전주의적 디테일이 있는 흰 회벽 외부를 지니고 있지만, 내쉬가 개인적으로 의뢰받은 대형 건축물에는 이상하게도 그것이 빠져 있다.

- **위치** 영국 브라이턴
- **건축 연도** 1815~1821년
- **건축가** 존 내쉬
- **건물 구조** 벽돌조, 석조, 주철, 목조
- **건물 구분** 왕실 저택

통일된 구성
주 객실 옆의 응접실들을 덮고 있는 작은 돔들은 구성상 통일감 있는 실루엣을 만들기 위해 더해졌을 뿐 아무런 기능도 없다.

탑 계단
고딕식 지붕 난간이 달린 작은 탑 속의 원형 계단을 따라 올라가면 상부 돔으로 들어갈 수 있다. 개량된 돔 안에는 창문과 벽난로를 각각 갖춘 세 개의 침실이 있다.

1850년에 빅토리아 여왕은 런던 버킹엄 궁의 확장 공사 자금을 마련하기 위해 파빌리온을 브라이턴 시의회에 팔았다.

회벽 파사드
파사드는 내쉬의 작품답게 회벽으로 마감했다. 돔들도 원래는 초벌칠을 하고 접합선을 그은 다음, 배스석(석회석의 일종)처럼 보이게 색을 입혔다.

트레이서리 스크린
외부의 독립적인 기둥들 사이에 굽은 모양의 석조 아케이드가 있다. 인도의 잘리(격자 무늬 스크린)를 본뜬 편자꼴 격자가 직사광선을 막아준다.

음악실

내쉬의 환상적인 공간은 음악실에서 절정을 이룬다. 연잎 모양의 갓을 쓰고 매달려 있는 가스등의 유리 램프 빛과 금도금한 가리비껍질이 기와처럼 이어져 있는 번쩍이는 돔들을 밝힌다. 뒤쪽에서 조명을 받는 유리 벽판들이 돔 밑의 프리즈를 밝혀주고 있다. 하늘을 나는 용들이 술 달린 비단 휘장을 붙들고 있다. 중국 풍경들이 그려진 벽판 테두리에는 금도금한 구체들, 종들, 뒤엉킨 뱀들이 아로새겨져 있다. 오르간은 설치되었을 당시 전국에서 가장 소리가 컸다.

철골 구조

주 객실 위에 포개져 있는 주철 골조가 독특한 형태의 돔을 만들고 탑 안에 있는 당구장을 받친다. 다른 곳에서 주철은 노출 마감재로 사용되어, '대나무' 계단과 '야자나무' 기둥을 만들어낸다. 내쉬는 기록상 최초로 내부 인테리어에 주철을 사용하는 진보된 기술을 선보였다.

외피 구조

중앙 돔은 주 객실에 포개진 철골로 만들어졌고, 내부는 원형 그대로 남았다. 외피 구조는 타원형 당구장과 다른 두 객실을 지탱할 만큼 튼튼했다.

못 말리게 사치스런 섭정 황태자는 이러한 이국적인 환상에 탐닉했다. 내쉬는 동양풍에서부터 고딕에 이르기까지 다양한 양식들을 혼합하여 18세기 동안 픽처레스크 양식을 발전시켰다.

천막 형태의 지붕

연회실과 음악실을 덮고 있는 파고다 돔의 천막형 지붕은 기존 건물의 지붕 난간 위로 제일 처음 지어진 것으로서, 앞으로 나타날 구성의 동양적인 특색을 예고한다.

양파 모양의 돔

무굴 제국의 건축(54쪽 참고)에서 비롯된 양파 모양의 주요 돔은 영국 제국의 광대한 세력을 상징하는 이국적이고도 친숙한 시각적 은유다.

스크린 벽

이전 건물인 팔라디오풍 저택의 내닫이창들은 아직도 남아 있지만, 잔디밭으로 통하는 문들이 달린 1층 스크린 벽에 감춰져 있다.

파빌리온은 간신히 해체를 면한 이후, 2차 세계대전 동안 인도 군인들의 병원으로 쓰이는 등 다양한 용도로 사용되었다.

알테스 무제움

그리스 부흥기(1790~1830)에는 유럽과 중동에서 고고학적 발견이 이루어지면서 고전주의 건축에 대한 관심이 끊임없이 이어졌다. 칼 프리드리히 싱켈의 절제되고 원리적인 양식은 진보하는 도시의 기념비적인 모습에 어울리는 새롭고도 낭만적인 고전주의를 추구했다. 베를린의 주요 공공 건축물들 사이에 위치한 알테스 무제움은 그리스의 스토아(독립구조의 개방된 열주랑)를 19세기의 발명물인 미술관에 맞추어 개조한다. 미술관은 열린 광장의 건너편에 있는 왕실 대저택에 면해 있으며, 계단 한 줄을 올라가 이오니아식 열주랑 아래를 지나면 중앙 로툰다로 들어가게 된다. 2층의 개방된 계단 로비에서 보이는 극적인 전경은 이상화된 도시에 대한 싱켈의 낭만적인 꿈을 완성한다.

로비

2층 높이의 열주랑이 있는 계단 로비는 도시 광장을 지나 멀리까지 내다보여 극적인 효과를 자아내도록 연출되었다. 싱켈의 도면을 보면 도시 기념물들의 전경을 보여주려고 하는 그의 의도를 알 수 있다. 한 방문객이 목을 길게 빼고 도시 풍경을 감상하고 있다.

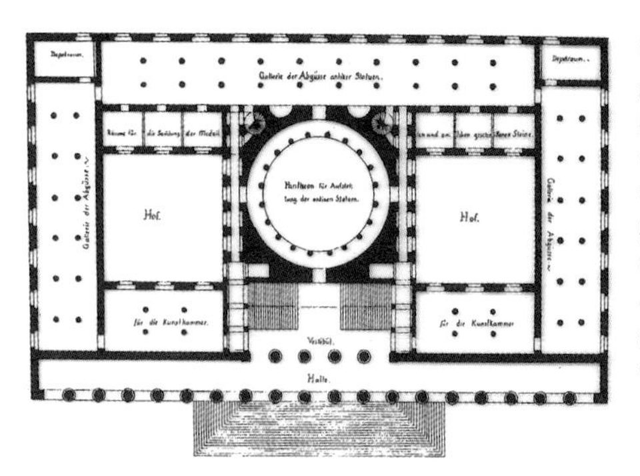

직선 평면 구조

86×53m의 직선 평면 구조는 중앙 로툰다를 중심으로 하고 있다. 싱켈은 순수하고 알아보기 쉬운 형태의 건축, 단순하고 원리적인 구성, 재료의 표현력 있는 사용과 같은 계몽 이론을 실천했다. 이러한 개념들은 앞선 바로크 건축의 장식적이고 타락한 양식에 반기를 들고, 20세기 건축에 깊이 뿌리내린 문제인 장식과 기능에 대한 근본적인 연구의 출발점이다.

높아진 지붕 난간

중앙 로툰다의 돔은 높은 난간에 가려져 있다. 프로이센의 문장인 독수리가 엔타블러처를 장식하고 있다.

조각상

지붕의 조각상들은 싱켈이 예술과 건축의 근본 목적으로 생각한 숭고한 주제, 즉 야만에 대한 문명의 승리를 상징한다.

왕실 저택에 면해 있는 미술관은 베를린의 성당과 무기고가 보이는 곳에 있다. 이 걸출한 미술관은 현대 도시의 심장부에 문화시설이 지어지길 꿈꾸던 싱켈의 바람을 실현하고 있다.

이오니아식 기둥

길게 이어진 열여덟 개의 이오니아식 기둥은 고대 그리스 도시의 중심 집회 장소인 아고라를 둘러쌌던 스토아의 고전적인 형태를 19세기 방식으로 개조한 것이다.

화강암 단지

프로이센산 화강암 한 덩어리로 만들어진 거대한 단지는 고대 예술 작품에 영감을 받은 것이었다. 원래는 로툰다에 설치할 계획이었지만 너무 커서 광장에 두어야 했다.

칼 프리드리히 싱켈

칼 프리드리히 싱켈(1781~1841)은 건축가, 제도공, 화가로서, 낭만적인 독일 이상주의 양식의 연극 무대 장치로 일찌감치 명성을 얻었다. 그의 영향력은 도시 설계와 조경 설계에까지 미쳤다. 초기에는 다양한 이국적 양식들, 특히 고딕 양식으로 설계했으며, 싱켈은 이탈리아 여행에서 돌아온 후 프로이센의 국가 건축가가 되어 환원적인 신고전주의 양식으로 작업했다. 싱켈은 과장된 양식을 맹목적으로 복제하지 않았고, 건축과 도시 설계가 교훈적이고 계몽적인 역할을 할 수 있으리라는 이상주의적인 신념을 가지고 있었다.

우물 정(井)자 형태로 장식된 돔

한가운데에 원형 천창이 뚫려 있고, 우물 정(井)자 형태로 장식된 돔은 로마의 판테온을 절반 크기로 개조한 것이다. 조각상을 전시하는 장소로 설계된 로툰다가 미술관의 중심점이 된다. 화랑들은 이어진 방의 흐름에 따라 두 곳의 개방된 중정 주변에 두 층으로 나란히 연결되어 있다.

• **위치**	독일 베를린
• **건축 연도**	1824~1828년
• **건축가**	칼 프리드리히 싱켈
• **건물 구조**	석조
• **층수**	2층
• **건물 구분**	미술관
• **공사 기간**	4년

"세부 처리나 설계와 같은 건축술이 더 큰 구조적 형태를 가려서는 안 된다."

칼 프리드리히 싱켈

신고전주의는 나치당의 선전 이미지와 관련이 있다. 2차 세계대전 후 전체주의에 대한 반발이 일어나면서 진정한 세계적인 대의를 지지하는 모더니즘 운동이 일어났다.

새김

엔타블러처에는 라틴어로 "모든 고대 사물들과 인문학의 연구를 위해 프리드리히 빌헬름 3세가 1828년 이 미술관을 세웠다."

장엄한 계단

높아진 기단으로 들어가는 장엄한 계단은 건물 정면 폭의 3분의 1을 차지하며, 그 양옆에 있는 승마상들이 입구의 모양을 잡아준다.

시민 공간

기념비적인 건축물과 도시 설계의 공식적인 역할을 숭시한 싱켈은 웅장한 시민 공간의 배경으로 미술관을 지었다.

벽화

아케이드 뒤의 벽에는 원래 제우스의 승리나 예술의 발전과 같은 고전적인 주제들을 묘사한 벽화가 그려져 있었지만 1945년에 소실되었다.

영국 국회의사당

런던의 구 웨스트민스터 궁은 1834년 10월 16일에 일어난 화재로 소실되었다. 새 궁의 건축은 국가적으로 의미있는 건물을 세울 수 있는 기회였고, 당시에는 종교적이고 공공적인 건물에 어울리는 진정한 국가적 양식으로 고딕 양식이 주목받고 있었다. 의회 체제가 중세에 기원을 둔 만큼, 엘리자베스 여왕 시대풍이나 고딕 양식을 조건으로 내건 설계 공모전이 열렸고, 1836년에 찰스 배리 경의 설계가 당선되었다. 고딕 건축의 권위자이자 숙련된 장인인 퓨진이 배리 경의 당선에 결정적인 도움을 주었다. 배리 경의 설계는 서로 다른 공공 기관들로 이루어진 복합시설과 기존에 있던 중세의 그레이트 홀을 혼합한 형태였다. 통합된 평면 구조, 유기적인 구성, 면밀히 계획된 비대칭은 강변이라는 대지와 그 부근에 있는 웨스트민스터 대사원의 중세 탑들과 함께 조화를 이루고 있다. 국회의사당은 교양과 기묘함, 그리고 향수를 선호하던 전성기 빅토리아 시대의 풍취를 보여주는 좋은 본보기다.

외부 상세

건물의 복잡한 장식은 장식과 구조를 조화시키는 퓨진의 직감과 고딕식 형태에서 비롯된다.

"편리함과 구조처럼 품위에 불필요한 요소가 두드러져서는 안 된다. 모든 장식은 건물의 본질적인 구성을 보강해주는 것이어야 한다."

오거스터스 퓨진

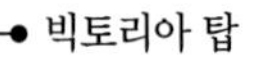

빅토리아 탑

102m 높이의 빅토리아 탑은 세워졌을 당시 세계에서 가장 높은 사각탑이었다. 벽돌과 강철로 만든 아치에 석판을 얹은 방화 구조는 내부에서 주철 기둥이 지탱하고 있다.

공사 기간 동안 건축 재료와 비품, 작업발판을 인양하는 작업을 위해서 증기기관과 윈치로 동력이 공급되는 회전 거푸집, 주행 크레인, 상승식 작업발판 같은 기술적으로 진보된 장치들이 쓰였다.

지붕의 통풍구

지붕에는 외부의 내력벽들 사이에 주철 트러스가 있다. 주철 판들이 지붕의 외피가 된다. 연기와 데워진 공기는 바닥 밑의 난방장치에서 주요 방과 천장들로 퍼져나간 뒤, 방화 구조의 지붕에 있는 통풍구들을 통해 빠져나간다.

모서리의 작은 탑

모서리에 있는 다각형 작은 탑들, 연이어진 가로판들, 지붕 난간의 세부 장식은 설계 단계에서 수정되어, 건물의 수직성과 스카이라인을 부각시킨다.

상부 구조

상부 구조는 벽돌과 석재로 만든 내력벽에 주철 원주와 들보들이 설치되어, 더 큰 방들의 내부 스팬을 이룬다.

기초

건물의 기초가 물에서 뚜렷이 솟아올라 있어 베이들의 수직성을 강조한다. 율동감 있게 이어진 베이들은 배리가 말한 '비슷한 요소들의 반복에 의한 고요함'을 만들어낸다.

바닥들

바닥들은 주철 들보 위에 벽돌 아치를 얹은 구조로 지어졌는데, 이는 산업용 건물의 방화 구조에서 발전된 형태였다. 건축 재료는 강을 따라 운송된 다음, 새로 지은 제방 위에 쌓여 있었다.

찰스 배리 경과 퓨진

찰스 배리 경(1795~1860, 왼쪽)은 고전 양식으로 유명한 건축가였다. 그가 런던에 지은 리폼 클럽(Reform Club, 1837)은 현대 기술을 접목시킨 세련된 고전적 설계를 보여준다. 오거스터스 퓨진(1812~1852, 오른쪽)은 무늬 도안에서부터 교회 건축에 이르기까지 다양한 작업을 통해 고딕 양식의 투사처럼 활동했다. 건물에 어울리는 특징이나 장식과 구조의 통합에 대한 그의 개념들은 19세기 말에 일어난 예술공예운동에 영향을 미쳤다.

왕좌

퓨진이 디자인하고 배리 경이 수정한 왕좌는 세부 장식에 광적으로 집착한 모습을 보여준다. 퓨진의 양식은 고딕식 형태와 장식을 통해 의회의 화려함과 격식을 과시한다. 건축 재료, 장식 마감재, 가구, 부속품들이 조달되면서 공예 전통이 되살아나고, 전성기 빅토리아시대의 전형적인 특징인 새로운 기술들이 속속 등장했다.

장식

땅에서 위로 올라갈수록 점점 더 화려해지는 세부 장식은 꼭대기와 지붕 난간, 탑에서 절정을 이룬다.

중앙 탑

환기 기술자가 고안한 중앙 탑은 배리의 뜻과 반대되는 것이었다. 탑은 움직이는 공기 기둥을 만들어 자연 순환을 개선하고 내부를 환기시킨다.

석조 세공에 화강암과 백운암을 택한 것은 고딕 건축물의 내구성과, 19세기에 특히 심각했던 탄소 연소 오염에 대한 복원력을 연구한 결과였다.

• 위치	영국 런던
• 건축연도	1836~1868년
• 건축가	찰스 배리 경, 퓨진
• 건물 구조	석조, 주철
• 건물 구분	정부 건물

시계탑

시계탑 안에는 유명한 빅벤 종과 작은 종 네 개가 있다. 시계탑의 중심이 되는 종의 이름은 공사감독관인 벤저민 홀 경의 이름을 따서 지어졌다.

파사드

총 3층으로 이루어진 파사드의 길이는 244m이다. 안에는 의회 사무실, 도서관, 휴게실, 그리고 상원(왼쪽)과 하원(오른쪽)의 회의실을 숨기는 식당이 있다.

제방

2.8헥타르의 부지는 석재와 콘크리트를 메워 만든 제방 덕분에 강 쪽으로 24~30m 확장되었다. 버팀목 목재와 목재 말뚝을 두 겹으로 쌓고 점토를 메워 만든 방죽은 저장 공간과 작업장으로 쓰였다. 물은 펌프로 퍼 올렸고, 새로운 건물을 짓기 위한 옹벽과 축대를 만들었다.

수정궁

영웅적인 위업의 시대에 지어진 산업 건물의 원형으로 불리는 수정궁의 이미지는 현대 건축에 지속적인 영향력을 발휘하고 있다. 1851년에 지어졌다가 1936년에 허물어진 수정궁의 역사는 모더니즘 시대의 시작과 끝을 예고했다. 이 건축물의 내력은 건축계를 지배하고 있던 양식에 관한 논쟁과는 별도로, 공학적으로 큰 발전을 이룬 빅토리아 여왕 시대의 에너지와 속도를 증명해준다. 사실, 설계 변경 없이 예산을 초과하지 않고 건물을 지을 수 있었던 것은 전통적인 건축 관행보다는 토목 기술과 공업적인 제작 방식 덕분이었다. 수정궁은 최초의 산업 박람회인 1851년의 만국박람회를 위해 런던의 하이드파크에 임시로 설치할 조립식 건물로 계획되었다. 건물은 선구적인 설계로 큰 인기를 누렸고, 국민들이 모은 기부금으로 영국 시든엄에 다시 세워졌다가 1936년에 화재로 소실되었다.

초기 스케치

박람회 운영위원회가 1850년 4월에 공모한 233개의 설계안 중에 당선작을 고르지 못하고 있다는 얘기를 전해들은 건축가 조지프 팩스턴 경(1803~1865)은 1850년 6월 11일에 대지를 방문한 뒤 이 스케치를 그렸다. 6월 24일에는 폭스 헨더슨사가 모집한 입찰에 도면을 제출했다. 6월 26일에 위원회가 설계를 승인하자, 6월 30일에 작업을 착수했다. 실제 공사는 9월 26일에 시작되었고, 1851년 2월 1일에는 전시품을 들일 준비를 마쳤다.

팩스턴 지붕 홈통은 7.3m 길이의 가공 목재로 만든 활시위 모양의 궁현 트러스에 주철 브래킷과 연철 줄을 더해 만들어졌다. 이것은 지붕을 받치고 홈통을 만들었는데, 이 홈통은 배수관 역할을 하는 주된 구조 기둥으로 빗물을 보냈다.

강철 미늘창

기계 장치로 조작되는 강철 루버가 공기 순환을 조절한다. 날씨가 무더우면 유리 지붕을 덮은 개폐식 범포 차양에 찬 물이 뿌려진다.

판유리

길이 1.2m, 폭 25cm에 달하는 전례 없이 큰 판유리들이 벽 상부와 지붕에 끼워져 있다.

- 위치 영국 런던
- 건축 연도 1850~1851년
- 건축가 조지프 팩스턴 경
- 건물 구조 주철, 연철, 목조
- 건물 구분 박람회 전시장
- 공사 기간 6개월

만국박람회 궁

빅토리아 여왕의 남편인 앨버트 공은 만국박람회가 '전세계 인류가 어디까지 발전했는가를 진정으로 보여주는 살아 있는 그림'이라며 지지했다. 박람회는 아주 다양한 산업적·문화적 인공물들을 선보였다. 처음 5개월 동안 인구의 5분의 1 정도 되는 600만 명 이상이 박람회를 찾았다.

식탁과 식탁보

팩스턴은 식탁과 식탁보에 비유하여 구조를 설명했다. 주철 기둥들과 주철·연철로 만든 트러스로 이루어진 내부 골조는 단단한 '식탁'이고, 목재 창살에 끼워진 가벼운 유리가 '식탁보'처럼 그 위를 덮고 있다.

반원통형 볼트

목조 반원통형 볼트가 중앙 트랜셉트의 폭 전체를 덮었다. 그 높이 덕분에 하이드파크의 느릅나무를 전시실 안에 들일 수 있었다. 여기 보이는 추가적인 볼트들은 시든엄에 재건된 건물에 덧붙여졌다.

'재활용 가능성'을 기준으로 선택된 건설업자가 공사 계약을 따냈다. 당시 공사에 책정된 예산은 건물 전체에 15만 파운드였고, 건물이 철거된 후 소유권이 청부업자에게 넘어갈 경우에는 8만 파운드였다.

내부 골조

내부 골조는 트러스와 조화를 이루는 색으로 칠해졌다. 틀에 끼운 유리가 외부에 덮여 있는 가느다란 내부 구조재는 가능한 많은 양의 햇빛을 받아들일 수 있는 경제적인 구조로 만들어졌다.

구조 뼈대

주철, 연철, 목재가 사용된 구조재들은 규격화된 부품들을 조립하여 만들어졌다. 기둥은 7.3m 간격으로 건물 끝까지 이어졌다.

철도망이 빠르게 확산되면서 비품과 건축 재료의 수송이 편리해져, 설계회사와 건설사 사이에 협업이 이루어지면서 신속하게 완공할 수 있었다.

조지프 팩스턴 경

스물세 살에 데본셔 공작의 정원 지배인으로 고용된 조지프 팩스턴은 영국 더비셔의 채츠워스 저택을 조경했다. 그는 수정궁 설계의 원형이 된 팜 하우스의 시공 체계를 개발했다. 팩스턴은 철도 건설 계획에도 많이 참여했다.

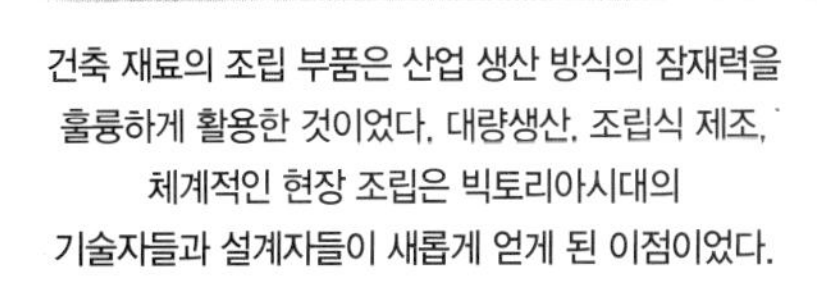

건축 재료의 조립 부품은 산업 생산 방식의 잠재력을 훌륭하게 활용한 것이었다. 대량생산, 조립식 제조, 체계적인 현장 조립은 빅토리아시대의 기술자들과 설계자들이 새롭게 얻게 된 이점이었다.

장식

장식적인 요소들은 단순히 전시실을 꾸미고 외관의 질서를 잡기 위한 것이었다. 지붕의 격자 세공, 아치, 원형 개구부는 구조 단위인 베이의 리듬감을 부각시켰다.

터빈 건물, 므니에 공장

19세기에 새로운 산업 기술들이 선보이면서 20세기 건축에 영향을 미친 새로운 건물 유형들이 확산되었다. 초기에 철은 주로 산업 건물과 공학적 구조물들에만 사용되었는데, 이것을 건축물에 적용할 때는 대부분의 경우 구조 뼈대를 전통적인 건축 외관으로 가렸다. 파리 근처의 누아지 엘쉬르 마른느에 있는 터빈 건물은 므니에 초콜릿 회사에 기계 동력을 공급했다. 건축가인 쥴 솔니에르는 초콜릿 제조 공장을 강바닥에 박힌 석조 벽기둥들 위에 놓인 다리 같은 모습으로 지어, 골조를 가리지 않은 채 그대로 드러냈다. 가벼운 연철 뼈대와 얇은 벽돌 외장은 건축가 겸 비평가인 비올레 르 뒤크가 주장한 구조 기능, 장식의 합리주의적 통합을 보여준다. 철제 상부 구조와 얇은 벽 외장은 20세기 건축에 대변혁을 일으키게 될 기술의 도래를 알렸다. 장식과 기술을 한껏 과시하고 있는 이 공장은 19세기의 진취적인 정신을 떠올리게 하는 경이로운 건축물이다.

장식된 표면

19세기의 합리주의는 현대 건물과 산업 소재들과 관련이 있는 구조와 장식을 통합하고자 했다. 이 건물의 채색된 벽돌 세공과 화려한 조형 장식은 건물의 구조적 형태와 조화를 이룬다. 고딕 건축의 원리였던 이 점이 모더니즘을 정의하는 원리로 발전하게 되었다.

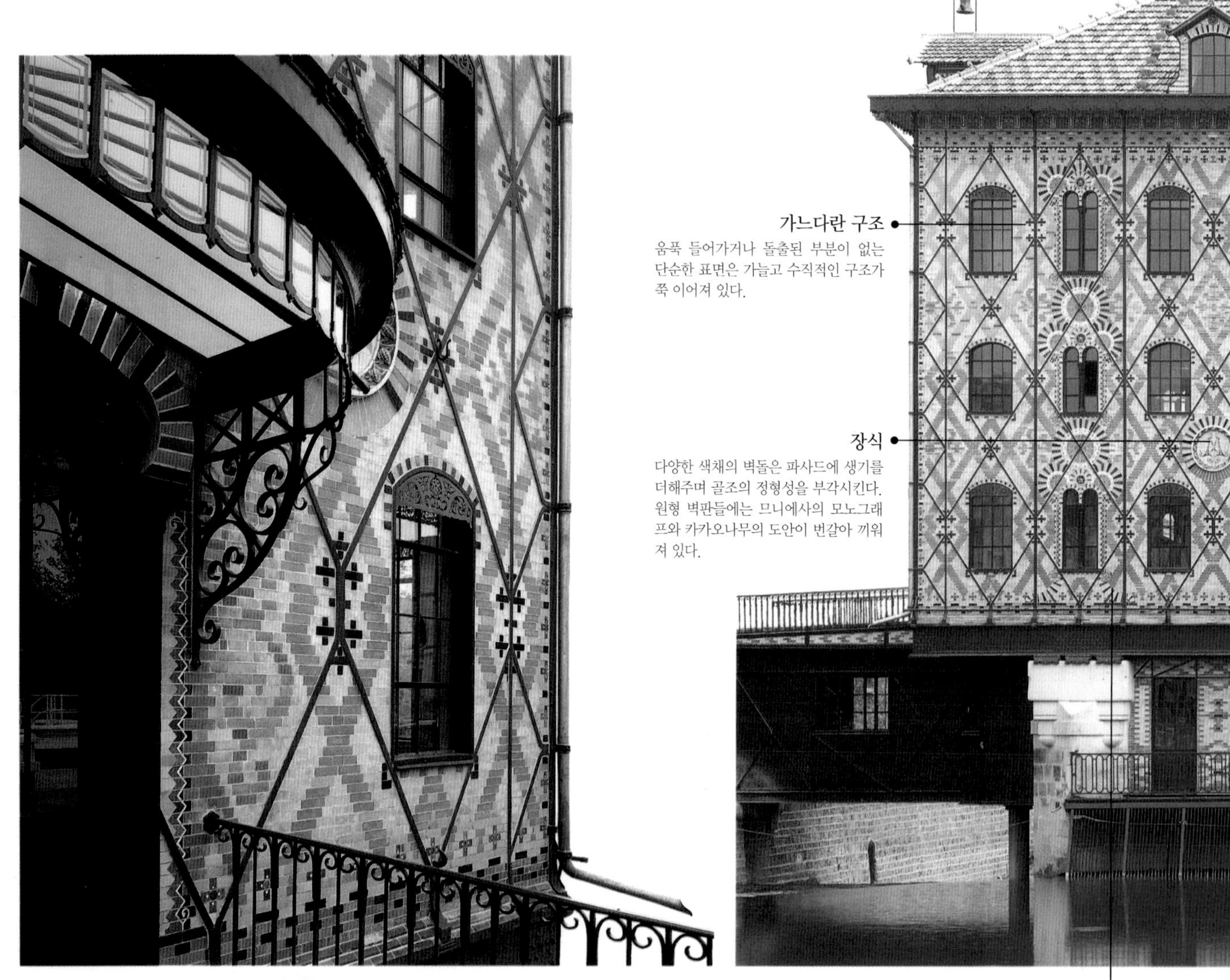

가느다란 구조

움푹 들어가거나 돌출된 부분이 없는 단순한 표면은 가늘고 수직적인 구조가 쭉 이어져 있다.

장식

다양한 색채의 벽돌은 파사드에 생기를 더해주며 골조의 정형성을 부각시킨다. 원형 벽판들에는 므니에사의 모노그래프와 카카오나무의 도안이 번갈아 끼워져 있다.

커튼월

벽돌 벽은 구조적으로 아무런 역할도 하지 않는다. 이것은 높이 때문에 외부 내력벽 방식으로는 지을 수 없는 미래의 다층 건축에 특별한 의미가 있다. 벽은 골조 밖에 거는 커튼이 되어버린다. 이러한 장치는 근대건축운동의 주된 테마가 되었다.

외장

속이 빈 벽돌은 가벼운 벽판이 되어 대각선으로 고정된 연철 격자형 틀을 메운다.

철의 구조적 사용

주철은 압축력에는 굉장히 강하지만 인장력에는 약하다. 주철의 내압강도를 이용한 최초의 철제 다리가 1779년 영국 콜브룩데일의 세번 강 위에 지어졌다. 그러나 1784년에 특허를 받은 정련 과정 덕에 주철보다 인장력이 더 큰 연철이 도입되었지만, 1855년에 이르자 강철이 그 자리를 대신하게 되었다.

가벼운 구조

마른느 강에 걸쳐 있는 공장은 강물로 터빈을 돌려 초콜릿 정제 공정에 동력을 제공한다. 대각선 지주에 받쳐진 전체 벽이 거대한 격자형 트러스 역할을 하며, 효율적이면서도 가벼운 구조를 만들어낸다. 주로 사용되는 제조 공간에서 기둥을 없애기 위해 위층은 트러스에 매달려 있다.

• **위치**	프랑스 누아지 엘쉬르 마른느
• **건축연도**	1871~1872년
• **건축가**	쥘 솔니에르
• **건물 구조**	연철 골조, 석조 벽기둥
• **건물 구분**	공장

창

골조는 창문과 다른 개구부들의 면적을 더 늘려준다. 값싸고 안전한 인공 조명이 나오기 전까지 산업 공정은 환한 햇빛에 의존했다.

노출된 골조

공장 구조는 노출된 골조를 가지고 있는데, 솔니에르의 건물 전에 있던 기존 공장의 반(半)목조 구성에서 영감을 얻었을 것으로 보인다.

바닥들

각 층의 바닥은 외부 벽들 사이에 있는 I형 단면의 연철 접합부에 얕은 벽돌 볼트를 걸쳐 만들었다. 3층은 기계장치의 무게를 감당하기 위해 상자형 단면의 들보를 쓴다.

상자형 대들보

연철판과 ㄱ자 철판으로 조립된 속이 빈 상자형 강철 대들보가 석조 피어들에 걸쳐 있다. 대들보는 격자형 틀의 대각선 버팀대와 함께 복합적인 지지대를 이룬다.

사그라다 파밀리아

스페인 바르셀로나에 있는 사그라다 파밀리아의 엄청난 규모와 환상적인 이미지는 1884년부터 1926년에 사망할 때까지 프로젝트를 감독한 건축가 안토니오 가우디의 비전을 보여준다. 가우디가 선보인 독특한 건축 양식의 동력은 깊은 종교적 신념이었다. 사그라다 파밀리아는 가톨릭 신앙의 신비와 성가족을 기념한다. 파사드의 종탑들이 볼트 구조물을 둘러싸고 있는 복잡한 기하학적 형태는 석재와 콘크리트로 유려하게 빚어져 있다. 종탑들은 점점 더 환상적으로 솟아오르며, 그 꼭대기에 있는 여러 색 자기로 만든 '방울 장식'들은 열두 사도를 상징한다. 이 교회는 비록 완공되진 못했지만, 원대한 포부와 규모에서 만큼은 중세 유럽의 성당들에 뒤지지 않는다. 정치적 · 사회적 변동기를 지나면서도 공사가 계속된 것은 카탈루냐 문화의 생명력을 상징한다.

- **위치** 스페인 바르셀로나
- **건축 연도** 1884~현재
- **건축가** 안토니오 가우디
- **완공 시 높이** 180m
- **건물 구조** 석조, 콘크리트조
- **건물 구분** 교회

철사 모형

가우디는 회반죽에 적신 범포와 철사에 추를 매달아 설계 모형을 만들었다. 회반죽이 마르면 취약점을 분석하고 강화했다.

꼭대기 장식

파사드에서 보이는 생동감 넘치는 표면은 자기 타일과 조각상들이 끼워진 상부 종탑의 색채와 장식으로 이어진다. 서쪽 트랜셉트의 꼭대기에 있는 이 '방울 달린 장식'은 주교의 관, 반지, 지팡이를 상징한다.

유려한 형태

굉장히 유려한 형태는 수학적인 논리에 따라 구성되어 있어 쉽게 분석할 수 있다. 이러한 형태는 기하학적인 구성을 만들어내며, 종종 단순한 도면만으로도 공사를 진행할 수 있다.

종탑

네 개의 탑은 복음서의 저자들을, 100m 높이의 종탑 열두 개는 열두 사도를 상징한다. 180m 높이의 중앙 탑으로 교회의 전체 구성이 마무리 된다.

벽돌, 석재, 자기 타일로 만들어진 전통적인 카탈루냐 구조물과 고딕 건축에 해박했던 가우디는 구조적 형태를 다루는 데 솜씨를 타고 났다.

1926년에 가우디가 세상을 떠난 뒤에는 동료들이 공사를 계속 감독했다. 스페인 내란(1936~1939) 동안에 설계 모형과 원래의 설계 도면들이 훼손되는 바람에 공사가 중단되었다가, 1954년에는 모형들을 되찾아 공사가 재개되었다. 실제로 지어진 설계의 본질을 두고 격렬한 논쟁이 빚어지는 가운데 공사가 계속 진행되고 있다.

안토니오 가우디

안토니오 가우디(1852~1926)는 카탈루냐의 레우스에서 태어났다. 그는 예술공예운동 지지자들이 새로이 관심을 가지기 시작한 중세 공예 길드에서 영감을 받고, 카탈루냐의 모데르니스타 운동(아르누보 운동의 한 줄기)에 참여했다. 가우디는 후원자인 직물 제조업자 돈 바실리오 구엘 백작의 의뢰로 바르셀로나의 구엘 저택(1886~1889)과 구엘 공원(1900~1914)을 건축하며 경력을 쌓았다.

조각상

'믿음의 문'에 있는 조각상들과 '그리스도 탄생' 파사드에 있는 조각상들은 현실 세계를 표현한다는 취지 아래 바르셀로나 거리에서 모집한 모델들의 사진과 석고상을 바탕으로 만들어졌다.

상징적인 장식
파사드들은 복잡한 유기적인 도안이나 가톨릭교회 교리문답을 우의적으로 표현하는 상징적인 장식으로 덮여 있다.

네이브
네이브의 구조적 해법 덕분에, 가우디가 내부 조명과 파사드의 외관에 방해가 된다고 생각한 외부 플라잉 버트리스가 필요하지 않게 되었다.

네이브의 기둥
아직 공사 중인 네이브의 기둥은 극적으로 기울어져 있는데, 상부에서 갈라져 하중의 측면 추력을 받아들인다.

그리스도의 탄생
'그리스도 탄생' 파사드는 그리스도의 탄생 이야기와 '환희의 신비'를 묘사한다.

사랑의 문
세 문은 믿음, 소망, 사랑을 표현한다. 가운데 있는 사랑의 문 양쪽으로 소망의 문(왼쪽)과 믿음의 문(오른쪽)이 있다.

유기적인 구조
건물의 하중은 네이브 속의 기둥으로 전달된다. 나무 형태의 구조가 힘의 흐름을 잘 보여준다.

글래스고 미술학교

글래스고 미술학교의 신축(1897~1909)을 위해 열린 설계 공모전에서 찰스 레니 매킨토시의 아주 독창적인 설계가 당선되었다. 매킨토시의 개성있는 건축 양식은 19세기의 예술공예운동과 유럽의 전위예술이라는 모순적인 요소들을 참신한 접근법으로 뒤섞었다. 관능적인 표현과 억제된 표현, 풍부한 표현과 단순화된 표현 사이의 극적인 긴장감을 지닌 건물 구성과 함께, 현대적인 디자인을 역사 배경 속으로 통합시키는 능력을 발휘하여, 매킨토시는 불후의 업적을 남긴 건축가의 반열에 섰다. 그는 1895년에 공모 규정에 따라 설계안을 제출했고, 1897년 1월에 허니맨, 케피 앤 매킨토시사를 대표하여 당선자로 뽑혔다. 제한된 건설 자금 때문에 공모전 참가자들은 공사 기간을 두 번으로 나누어 설계안을 작성해야 했다. 제1단계 공사는 북쪽 입면의 정문 탑에서 끝났으며, 매킨토시는 막간을 이용해 설계를 수정할 수 있었다. 2층으로 높이 치솟은 장엄한 서쪽 날개의 도서관은 성숙하고 확신에 찬 건축가였던 매킨토시의 역량을 보여준다.

THE GLASGOW SCHOOL OF ART.

ELEVATION TO SCOTT STREET

ELEVATION TO DALHOUSIE STREET

서측과 동측의 입면도

서측 입면도(왼쪽)는 강력한 형태 구성에 지방 고유의 자유로운 비대칭성을 결합시킨다. 입면의 표면은 뛰어난 솜씨로 구성되어 있으며, 빈 공간과 매스의 대조가 내부 기능을 잘 표현하고 있다. 동측 입면(오른쪽)에 있는 탑과 베이들이 만들어내는 조형은 스코틀랜드의 귀족 저택을 생각나게 한다.

북쪽 파사드

길다란 북쪽 파사드를 따라 주요 작업실들이 배치된 E형 평면 구조로 되어 있다. 다른 교실과 사무실들은 동쪽 날개에, 강당, 도서관, 작업실들은 서쪽 날개에 있다.

끝에 있는 창문들

끝에 있는 두 개의 창문은 다른 작업실들의 창문보다 판유리가 한 줄 적다. 건물 전체의 비대칭성이 미세하게 불규칙적인 구성을 만들어내는데, 이것은 그 지방 특유의 건물에서 다양한 형태로 발견되는 특징이다.

돌출한 베이들

돌출한 베이들이 끊이지 않고 3층까지 쭉 솟아올라, 서쪽 날개의 높이와 2층 높이 도서관의 내부 볼륨을 부각시킨다.

• 소재지	스코틀랜드 글래스고
• 건축 연도	1단계 : 897~1899년 2단계 : 1907~1909년
• 건축가	찰스 레니 매킨토시
• 건물 구조	석조, 연철, 강철
• 건물 구분	미술학교

처마

튀어나온 처마는 직사광선으로부터 작업실을 보호하고, 지붕선에 강한 윤곽을 더해준다.

작업실 창문

널찍한 창문을 통해 작업실에 충분한 햇빛이 들어온다. 석조 파사드의 창들은 근대건축운동의 상징인 유리벽과 엘리자베스 1세 시대의 영주 저택을 떠올리게 한다.

니치

벽면에 설치된 니치에는 예술을 묘사하는 조각품들을 놓을 예정이었다. 조각 장식의 연속으로 계획되었던 석조 드럼이 생략됨으로써 파사드의 단순하고 강렬한 볼륨 구성이 한층 더 강조된다.

브래킷
연철로 만들어진 브래킷은 창문의 가느다란 중간 세로틀을 받쳐주고, 창문을 닦는 발판이 되어준다. 켈트 모티프를 연상시키는 꼭대기 장식은 꽃무늬 도안으로 미묘하게 변화를 주었다.

난간
난간에는 켈트와 일본에서 영감을 얻은 문장(紋章) 도안 모티프로 꾸며진 7 등이 달려 있다.

햇빛
건물의 정면이 거리에서 안쪽으로 물러나 있어, 지하로 햇빛이 들어간다.

중심이 되는 주 건물은 길이가 75m이며, 깊이가 28m이다. 총 5층 높이로, 2단계 공사를 하면서 작업실로 쓸 다락 층이 증축되었다. 남쪽으로 10m 내려가 있는 부지의 경사는 서측 입면의 수직적인 구성 때문에 극적으로 강조된다.

작은 창
인물 데생을 하는 작업실에 빛이 들어오게 하는 작은 창은 벽의 두께와 부피감이 두드러져 보이게 한다.

대조를 이룬 석재
작업실 끝의 벽을 이루고 있는 거친 석재는 창 주위에 손질된 석재와 대조된다. 그 접합 부분은 가로단으로 미세하게 구분된다.

서쪽 출입구
문틀의 정교한 세부 처리는 입면의 정형화된 상징성을 상쇄시킨다. 출입구에는 아르 데코의 모티프를 엿볼 수 있는 계단 모양의 몰딩이 있다.

파사드
내부의 기능과 건물 내의 공간적 위계를 표현하는 파사드는 근대건축운동의 특징을 드러내고 있다.

유리판
1층 문에 있는 채색 유리 판은 매킨토시 특유의 장식적인 요소들을 보여준다. 한가운데 장미 봉오리에는 여인의 얼굴 형태로 표현된 생명의 나무가 있다. 매킨토시의 여러 복합적인 성격들을 결합한 모티프들은 양식화되어 있고 성적이며 상징적이다.

찰스 레니 매킨토시

찰스 레니 매킨토시(1868~1928)는 수수하면서도 서정적인 장식 예술과 가구로 유명하며, '유령파'라는 별명으로 불린 글래스고 4인조의 일원으로 전시회를 열었다. 그는 글래스고에서 폭넓은 건축 활동을 하고 유럽에서 환호를 받았지만, 오랜 유랑 생활과 1차 세계대전 때문에 많은 건축물을 남기지는 못했다. 사후에 다시 명성을 되찾은 그는 20세기의 위대한 유럽 건축가로 인정받았다.

도서관
2층 높이의 도서관에는 바닥 위로 매달려 있는 중이층이 있다. 이런 구조는 목구조를 줄여주어 구조의 가벼움을 부각시킨다. 검게 칠한 오크 난간의 가로대들은 밝은 원래 오크색과 구분되며 장식 요소가 된다. 조명, 가구, 섬세하고 정교한 디테일이 어우러진 인테리어는 조용하고 사색적인 공부를 하기에 적당한 공간을 연출한다.

갬블 하우스

노동의 존엄성과 자연 존중을 중시하는 영국 예술공예운동은 19세기 중반의 종교 단체나 유토피아 공동체들을 통해 미국으로 일부 전해졌다. 개척 정신에 대한 향수 어린 긍지나 19세기 후반 미국 교외 중산층의 가치관과 더불어, 천연 재료를 사용하는 자연 친화적인 인상이 건축계를 지배하게 되었다. 캘리포니아의 기후는 이러한 개방성에 일조했고, 길고 낮은 베란다, 햇빛과 비를 막아 주는 처마, 중심이 된 난로, 직접 연결되는 정원과 같은 캘리포니아의 전통적인 목조 건축 양식은 전원 이미지와 잘 어울리는 건축 양식이었다. 향기로운 저녁을 즐길 수 있는 개방적인 포치는 내부 공간을 확장시킨다. 미국의 건축가 프랭크 로이드 라이트가 이미 미국 고유의 싱글 양식을 대중화시키고 일본의 쇼인식 건축을 도입한 바 있었다. 그린 형제는 갬블 하우스에서 이러한 이미지를 지역 풍토와 혼합했고, 디테일에 마음껏 공을 들이면서 20세기 초에 어울리는 풍요로움과 품위의 이미지를 확실하게 보여주었다.

그린 형제

헨리 그린(1870~1954, 왼쪽)과 찰스 섬너 그린(1868~1957, 오른쪽)은 케임브리지의 매사추세츠 공과대학에서 공부했다. 그들은 영국 예술공예운동 작업실의 작품을 실은 《크래프츠맨》을 통해 예술공예운동을 접했다. 그러나 재료와 디테일에 대한 그들 특유의 감수성은 일본의 소목 세공과 전통적인 쇼인식 건축에 영향을 받았을 것이다. 캘리포니아주 패서디나의 블래커 하우스(1907)와 캘리포니아주 오하이의 프랫 하우스(1090)도 그들의 작품이다.

예술공예운동

19세기 후반, 유토피아를 꿈꾸던 사회주의자인 윌리엄 모리스(1834~1896)와 건축가 존 러스킨(1819~1900)을 주축으로 기계 생산품들의 저하된 질과 디자인에 반발한 예술공예운동이 일어났다. 그들은 전통 공예와 지방 특유의 건축 관행을 장려하고, 설계자와 제작자가 다시 직접 관계 맺도록 하여, 장인의 경험을 살리고 재료 본연의 성질을 강조하고자 했다.

돌출된 처마
처마가 베란다와 포치에 드는 햇빛을 가려준다. 노출된 서까래 끝은 지방 고유의 형식과 일본의 소목 세공에 영감을 받은 단순한 구조를 부각시킨다.

목조
목조 건축이 지닌 가볍고도 유연한 구조적 특성은 일본이나 캘리포니아처럼 지진이 잦은 곳에 이상적이다.

야외 침대
발코니가 침실에 바로 연결되어 있어, 여름밤에는 밖에서 잘 수 있다. 호흡기내과 의사였던 그린 형제의 아버지는 신선한 공기와 환기가 건강에 좋은 영향을 준다고 믿었다.

외장
다듬어지지 않은 자연 그대로의 결을 지닌 널찍한 아메리카 삼나무 널빤지가 목조를 덮고 있어, 오래된 듯한 정겨운 외관을 가지게 되었다.

현관

현관은 평면도에서 뚜렷이 구분되는 층과 구역들을 이어주는 중심이다. 사진 속에 보이는 풍부한 재료와 정성을 들인 디테일은 집 전체에 이어진다. 티크 틀을 짠 현관문에는 넓게 뻗은 오크나무 가지들을 묘사한 채색 유리판들이 끼워져 있고, 그 문을 통해 안으로 들어온 햇빛이 손으로 광을 낸 목재 표면에 반사된다.

계단

현관에 버마산 티크 계단이 있다. 계단을 받치는 보의 모서리는 둥글려 있고, 나사로 죈 접합부에는 독특한 목조 꼭지들이 은못으로 고정되어 씌워져 있다. 광택을 낸 마감은 목재의 색과 결을 살려준다. 이와 같이 정성 들인 디테일과 재료, 구성의 순수한 표현은 예술공예운동의 특징이다.

• 위치	캘리포니아주 패서디나
• 건축 연도	1908~1909년
• 건축가	찰스 섬너 그린, 헨리 그린
• 건물 구조	목조
• 층수	3층
• 건물 구분	주택
• 공사 기간	1년

구조 골격

전통적인 일본 가옥은 큰 목재를 복잡하게 접합한 원시적인 구조 골격을 사용하는 반면, 미국은 더 작은 목재들을 못과 나사로 고정시켜 신속하게 조립했다. 갬블 하우스는 두 가지 원리를 모두 적용하여, 가능한 곳에는 단순한 구조 골격을, 다른 곳에는 현대적인 방식을 썼다.

수평 구성

지붕선은 건물이 낮은 윤곽을 가지도록 한다. 비정형적인 수평 구성은 부드러움을 지니고 있어 풍경과 잘 어우러진다.

기단

건물이 작은 계단식 기단 위에 있어, 건물의 경계가 흐릿해지면서 미세하게 정원으로 넘어가게 된다.

구조적 표현

아메리카 삼나무 틀이 외부에 드러나 있고, 내부에서도 마찬가지로 노출되어 있다. 이후 근대 건축에 자주 등장하는 순수한 표현을 추구한 결과, 건물은 쉽게 알아볼 수 있는 단순함을 얻는다.

갬블 하우스는 조경에서부터 붙박이식이나 독립식 가구, 깔개, 채색 유리, 조명 설비, 전기 스위치에 이르기까지 모든 것이 통합된 설계를 펼칠 수 있는 기회를 제공했다.

로비 하우스

일리노이주 시카고의 남부 우드론에 있는 로비 하우스는 미국 중서부의 광활한 벌판에 영감을 받아 설계되었다. 이 저택은 프랭크 로이드 라이트의 프레리 하우스 시기를 대표하는 전형적인 주거 건축물이다. 이러한 주택들은 혁신적인 공간을 제시하면서도, 동시에 심리적인 위안을 주는 공간을 만들어냈으며, 라이트의 새로운 고객인 교외 부유층의 보수적인 예법에도 잘 맞았다. 프레리 하우스는 개방된 공간으로 구성되어 있고 축선이 강조되어 있는데, 평면 구조상 벽난로가 주거 공간의 주된 특징이자 주축의 중심점이 된다. 튼튼한 기초 위에 지어진 로비 하우스는 기단, 낮은 입면, 많이 돌출한 처마 등의 건축 양식을 이용하여 수평적인 구성을 강조하고 있다. 라이트는 연결식 난방, 전기 조명, 초보 수준의 공기 조절 장치와 같은 과학 기술을 가정생활의 편리에 맞게 개조하여 사용했다. 예술공예운동에 참여한 많은 건축가들이 기계를 거부한 반면, 라이트는 주택의 외장을 채색 유리와 가공된 목재로 꾸미고, 고도로 가공함으로써 기계의 정밀함이 지닌 가능성을 실험했다.

1906

평면도

주택의 주요 공간들은 본질적으로 열려 있다. 기능이 다른 공간들은 격자 무늬 칸막이로 나누거나, 중앙(전체를 통제하는 위치)에 놓인 난로와 계단으로 구분되기도 한다. 미세하게 차이가 나는 공간의 흐름을 하나로 통합하는 가변적인 관계는 라이트의 작품이 보여주는 가장 역동적인 요소로서, 근대 건축이 무엇보다 중시하는 공간과 볼륨의 문제에 한 가지 해법을 제시해준다.

• 위치	일리노이주 시카고
• 건축 연도	1908~1910년
• 건축가	프랭크 로이드 라이트
• 건물 구조	강철, 벽돌
• 건물 구분	주택

창문 베이

뱃머리 같은 모습의 창문 베이는 기세등등한 선박의 느낌을 준다. 라이트의 양식은 그가 기꺼이 수용했던 기계 시대의 역동적 이미지인 증기선에 비유되었다.

화초 재배통

화초 재배통에는 중앙 밸브로 작동되는 스프링쿨러 장치가 설치되어 있다. 이는 현대 기술을 통합하는 라이트의 양식을 전형적으로 보여준다.

캔틸레버 지붕

입구 포치의 캔틸레버가 강철 들보에 받쳐져 독특한 실루엣을 만들어낸다. 햇빛과 비를 막아주는 지붕의 든든한 이미지는 지방 고유의 형태를 재해석하여 극적인 효과를 연출한다.

로마 벽돌

모르타르를 벽돌 면보다 더 안쪽으로 들어가게 긁어서 '로마' 벽돌의 가늘고 긴 측면을 강조하고, 그렇게 해서 생긴 그림자 같은 줄이 덩어리 구성의 수평성을 보강한다.

지붕 덮인 포치

지붕 덮인 포치는 건물의 내부와 외부 사이에 끼어들어 주택의 생활공간을 확장시킨다. 건물은 지면의 높이보다 높은 곳에 올라가 있고, 부분적으로 가려져 있다. 이러한 구조는 거주자의 사생활을 보호해주는 동시에 주택에 인접한 외부 공간을 미묘하게 넓힌다.

개방된 설계

위로 높아진 1층의 주거 공간은 벽난로로 분리되며, 칸막이 벽들이 사생활을 보호한다. 가구와 부속품들은 주택을 위해 특별히 설계되었고, 전기 시설과 난방 장치는 주택 구조체에 통합되어 있다.

프랭크 로이드 라이트

프랭크 로이드 라이트(1867~1959)는 자연에 대한 사랑과 미국 중서부의 풍경에서 영감을 얻었다. 그는 지방 고유의 건축에 새로운 기술을 접목시키는 여러 작품을 남겼다. 유토피아적인 사조에 도취된 주택, 상업 건축물, 공공 건축물을 설계하면서, 끊임없이 자신의 양식을 재창조해 나갔다. 다양한 그의 작업은 20세기 건축에 큰 영향을 미쳤다.

굴뚝
굴뚝은 주택의 평면 구조와 매스 구성의 중심을 잡아준다.

침실
침실들은 경사지붕으로 덮여 있어, 지붕 공간을 활용하고 아래층에 비해 자유로운 형태를 지닌 개인실들을 사용할 수 있다.

높여진 1층
주로 사용하는 생활 공간은 바닥이 높이 올려진 1층에 배치되어 있다. 쭉 이어진 베란다와 낮은 벽들은 층을 이룬 칸막이가 되어 사생활을 지켜주며, 집 안에서 볼 수 있는 열린 경관을 만들어준다.

장식
납으로 만든 틀과 채색 유리는 라이트가 건축의 필수 구성 요소로 여긴 풍부한 디테일과 절제된 장식을 만들어준다.

벽돌 피어
벽돌로 만든 내력 피어의 구조적 배치 덕분에 벽에 문을 달 수 있다. 빛과 공기가 내부로 스며들어, 정원이 내다보이는 포치까지 생활 공간이 확장된다.

석조 단지
석조 단지들은 돌출된 처마 밑으로 주택의 비밀 경계를 이루는 칸막이 벽 위에 놓여 있다. 모퉁이를 차지하고 있는 단지들은 수평적인 매스 구성을 강조한다.

드로고 성

드로고 성은 영국 데번의 틴 강에서 61m 높이로 솟은 화강암 봉우리에서 추상적이고 기념비적인 중세 성처럼 극적으로 나타난다. 에드윈 러티언스 경이 설계한 이 성은 설계 초기 단계에서 규모가 크게 줄어든 덕분에 순수하면서도 과감한 구성을 얻게 되었다. 남쪽 날개의 균형을 위해 설계되었던 중앙 정원과 추가 날개들이 생략되면서, 실제 봉건 시대의 성이 원래 자리에 되살아난 듯한 착각을 불러일으킨다. 전통적인 형태를 재해석하고자 한 러티언스 경의 의지와 고집스레 토착 재료를 사용해 전통을 고수하고자 했던 모습은 20세기 초 근대 건축의 급진적인 출발과는 대조적인 중용을 보여준다. 평면과 3차원 형태가 교묘하게 어우러져 형태적인 장엄함과 가정적인 공간의 친밀함이 조화를 이루고 있다.

러티언스 경은 목재와 범포로 실물 크기 모형의 일부를 만들어, 건물이 완성되었을 때 나타날 효과와 대지에서 위치를 가늠해보았다. 6만 파운드 정도였던 원래 예산이 급등하기 시작하자, 건축주는 건물의 규모를 축소하도록 요청했고, 잇따라 설계 변경이 이루어졌다. 완공된 건물의 최종 크기는 초기 설계의 1/3 수준이다.

욕실

3층의 주 침실에 있는 채광창 달린 욕실은 고전주의적인 단순함을 지니고 있으며, 위압적인 건물에 가정적인 안락함을 더해준다. 일상적인 생활 공간은 웅장한 응접실들과는 달리 친밀함을 풍긴다.

각 진 디테일

각 진 디테일과 깊숙이 들어간 창 개구부는 1.2m 두께의 화강암 벽의 부피감을 강조한다.

• 위치	영국 데번
• 건축 연도	1910~1930년
• 건축가	에드윈 러티언스 경
• 건물 구조	석조(화강암), 목조
• 건물 구분	성

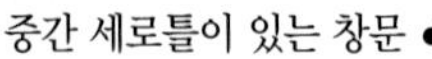

중간 세로틀이 있는 창문

창의 중간에 세로틀이 달린 석조 창은 엘리자베스 1세 시대에 지어진 요새화된 저택들의 베이를 떠올리게 한다. 창들은 파사드를 면밀하게 구성하며, 극적인 풍경을 아우르는 인상적인 전망을 선사한다.

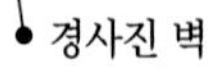

경사진 벽

석재를 쌓아 만든 가로줄무늬가 벽의 위쪽으로 갈수록 안쪽으로 물러나, 박쥐 귀 모양을 한 탑들과 지붕 난간은 독특한 조각같은 모습을 지니게 된다. 러티언스 경은 조각같은 효과를 얻기 위해 이러한 지역 특유의 건축적인 장치를 사용했는데, 이것은 그가 지역 특유의 형태를 자기 방식으로 소화한 전형적인 사례다.

동측 입면

가파른 경사지의 끝자락에 도드라져 있는 드로고 성은 대지와 하늘을 잇는 극적인 매개체가 된다. 건축주는 중세의 낭만주의를 원했고, 러티언스 경은 거친 디테일과 조각 같은 형태로 그것을 연출해냈다.

화강암 벽

가파른 경사지에서 우뚝 솟아오른 화강암 벽은 건물의 형태와 암석 노두를 한데 통합시키며, 꼭대기에서 뚜렷한 지붕선을 이룬다.

3층

3층에는 개인 방들과 객실, 아이 방이 있다.

공사

공사를 시작한 지 1년이 지난 이후에는 단 두 사람이 모든 석재를 쌓았다. 그들은 석공 편수의 감독 아래 중세 건축의 전통에 따라 작업했다.

북쪽 날개

부지의 윤곽을 따라가며 바깥쪽으로 퍼진 북쪽 날개에는 침실과 지하 부엌들이 있다.

식당

식당과 부대시설은 1층의 경사진 언덕 중턱에 있다.

계단 구역

저택은 가파른 비탈 가장자리에 있어 계단을 이룬 공간이 있는데, 그곳에는 높여진 입구의 뜰에서 들어설 수 있는 지상층의 정문과 주요 방들이 있다.

계단

집 안에서는 계단을 통해 이동하도록 세심하게 구성했다. 석조 볼트로 덮인 복도와 계단은 주로 사용하는 저택의 공간들을 적절하게 연결하는 다채로운 동선을 이룬다.

에드윈 러티언스 경

에드윈 랜드시어 러티언스 경(1869~1944)은 영국의 예술공예운동 양식으로 설계해야 하는 개인 주택을 많이 의뢰받아 자신만의 양식을 발전시켰다. 나중에 그가 의뢰받은 뉴델리의 총독관저(1912~1931)나 런던의 세계대전 기념비(1919) 같은 공공 건축물들은 장엄한 설계에 어울리는 신고전주의 양식을 취했다. 러티언스 경의 작품은 설계의 능란한 처리, 부지와의 친화력, 폭넓은 건축 표현 양식이 인상적이다.

슈뢰더 하우스

위트레흐트에 있는 슈뢰더 하우스는 게리트 리트펠트와 건축주인 트루스 슈뢰더 슈라더가 설계했다. 빌라 사부아(84쪽 참고), 판즈워스 저택(90쪽 참고)과 더불어 이 주택은 적절한 규모(연립주택의 끝에 붙은 2층 집) 속에 초기 근대 건축의 중요한 원리들을 담아내고 있다. 리트펠트는 1차 세계대전 이후 예술과 삶의 관계를 정의해 유럽에 영향력을 행사한 네덜란드 예술가 집단인 데 스타일의 회원이었다. 그들은 기하학적 형태를 사용한 새로운 표현 방식을 추구했다. 이 주택은 미끄러지듯 움직이고 서로 겹쳐지는 평면들을 3차원 그리드의 좌표에 끼워 맞춘 구성을 지니고 있으며, 화가 피에트 몬드리안(1872~1944)이 추상적인 공간과 색채를 사용해 탐구했던 가능성을 더 넓혀 주었다. 그러한 볼륨 구성은 데 스타일에서는 혁명적인 개념의 일부였고, 현대 건축에 있어서는 공간을 밀폐하는 것이 아니라 공간의 윤곽을 표현하기 위한 방식이었다. 정적인 방들이나 정형적인 파사드와 같은 전통적인 배치에 반발한 그의 설계는 공간의 기능이 부분적으로 겹쳐 있으며, 현대 주택과 작업 공간의 필요에 맞게 공간을 부드럽게 연결하고 있다.

주변 환경

주택은 주변 환경과는 어울리지 않게 기존에 있던 연립주택 끝에 붙어 있다. 데 스타일의 독단적이고 혁명적인 사상은 오랜 관습에 따르지 않고, 그것에 저항하고자 했다.

데 스타일

이론가이자 건축가인 테오 판 두스부르흐의 간행물을 중심으로 1917년 네덜란드에서 형성된 데 스타일 그룹은 모임을 이끌었던 화가 피에트 몬드리안의 작품이 보여주듯, 추상적이고 순수한 형태와 색채를 통해 예술을 해방하고자 했다. 계속된 실험을 거치며 발전한 그들의 이념은 근대운동에 대한 논쟁에 중요한 기여를 했고, 독일 바우하우스의 교육 내용으로 흡수되었다. 이후에 나타난 입체파 경향의 건축과 달리, 데 스타일 양식의 건축은 그리 많이 지어지지 않았다. 오히려 그들의 이념은 회화나 타이포그래피, 가구 디자인 속에 더 많이 표현되어 있다.

3차원 그리드

무한한 3차원 공간의 개념은 원색, 회색, 검은색, 흰색으로 이루어진 직선 형태의 평면, 가장자리, 정점들로 표현되어 있다.

이 주택은 가구, 난간, 조명 설비 등 작은 부분에 이르기까지 모든 대상이 일관성을 유지하고 있어, 데 스타일의 목표점인 완전히 자율적인 예술 작품이 된다.

평면 기하학

수직면들을 조립하여 형태를 정하고 공간을 묘사함으로써 전통적인 입방체 형태의 볼륨을 무너뜨린다. 추상적인 요소들이 무중력 상태로 공중에 매달려 있는 듯한 인상을 준다.

포치 의자

모든 붙박이식 가구나 독립식 가구들처럼, 포치 의자는 건축 구성을 완성하는 데 꼭 필요한 요소로서 설치되었다.

적청 의자

리트펠트가 설계한 적청 의자(1918)는 공간의 추상적인 원리를 뚜렷하게 표현하고 있다. 연속적인 3차원 그리드를 나타내며 서로 겹쳐져 있는 뼈대가 앉는 부분과 등 부분을 이루며, 공중에 정지해 있는 평면들을 받쳐준다.

게리트 리트펠트

게리트 리트펠트(1888~1964)는 아버지 밑에서 가구 디자이너로 견습 생활을 하다가 1911년부터 독자적으로 가구 제작 사업을 시작했다. 그는 건축을 공부하면서 테오 판 두스부르흐와 데 스타일 그룹의 이념을 접하게 되었다. 그는 공간과 추상에 대한 데 스타일의 개념을 실용적인 가정생활에 적용한 몇몇 프로젝트를 트루스 슈뢰더 슈라더와 함께 작업했다. 리트펠트가 설계한 가구는 20세기의 예술과 디자인에 지대한 영향을 미친 네덜란드 유파의 실험적인 성격을 전형적으로 보여준다.

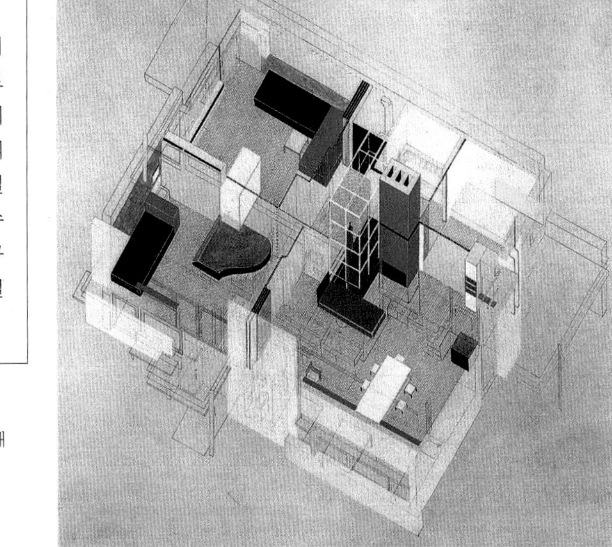

엑소노메트릭 투영법

내부 전체가 조각처럼 배치되어 있다. 작업, 휴식, 수면 등 주로 사용하는 공간들은 2층에 있는데, 움직일 수 있는 칸막이를 사용해 일시적으로 구분해놓은 모호하면서도 가변적인 평면으로 설계되어 있다. 공식적으로 다락이라 불리는 2층은 1층과 같은 건축 법규를 따르지 않았다.

지붕 채광창

중앙의 계단 기둥에 돌출되어 있는 유리 채광창이 집의 중심부를 밝힌다.

모서리에 있는 창

창들은 창틀에 수직방향으로 열려, 기하학적 그리드를 건물 외피 너머로 확장시킨다. 창틀이 모서리 안쪽으로 물러나 있어 건물의 가장자리가 시원하게 트였다.

구조적 틀

구조적 체계, 내력벽, 철골조가 특별히 결합하여 시각적 효과를 자아내는데, 르 코르뷔지에의 콘크리트조 도미노 주택이 지니는 구조적인 명쾌함은 없다.

원색

원색은 독자적인 구성 요소들을 구별해주며, 팽창하는 공간 그리드 속의 좌표로서 부각시켜준다. 주택은 네모반듯한 전통적인 상자형 구조를 버리고, 추상적이고 조각 같은 구성을 취한다.

부분적으로 겹쳐지는 면들

연이어 겹쳐진 면들로 이루어진 벽은 개별적인 형태들이 뒤섞인 상태를 표현한다.

1층

건축법 때문에 2층보다는 좀 더 전통적인 방식으로 설계된 1층에는 서재, 부엌, 두 개의 침실이 있다.

발코니 받침대

발코니의 콘크리트 판을 받쳐주는 강철 들보는 건물의 뼈대를 외벽 너머로 확장하는 조각 같은 구성의 한 요소다.

• **위치**	네덜란드 위트레흐트
• **건축 연도**	1923~1924년
• **건축가**	게리트 리트펠트, 트루스 슈뢰더 슈라더
• **건물 구조**	철골조, 내력 벽돌조, 콘크리트조
• **건물 구분**	주택

빌라 사부아

르 코르뷔지에의 저서들과 그가 초기에 지은 주택과 아파트가 프랑스 중산층 사이에서 인기를 얻으면서, 그는 1928년에 이르러 아방가르드의 중심에 서게 되었다. 다층 주택, 공공 건축, 도시 계획을 아우르는 그의 착상들은 급진적인 선언으로 발전하였고, 그의 영향력이 공고해지면서 2차 세계대전 이후 진행된 근대 건축의 방향을 결정하게 되었다. 하지만 이러한 이념들이 표현된 것은 그의 초기 주택들로서, 기발한 형태와 산업용 재료들이 근대건축운동을 연상시킨다. 프랑스 푸아시에 있는 빌라 사부아는 주말 별장으로 의뢰를 받았다. 초기 주택들과 달리 대지의 제약이 없어, 르 코르뷔지에는 자신이 선호하는 순수하고 자연적인 사각 평면 형태를 마음껏 사용할 수 있었다. 건물은 햇빛과 볼륨을 부각시켜 주거 공간을 새롭게 정의하고자 하는 그의 포부를 표현하고 있다. 이 주택을 끝으로 르 코르뷔지에의 순수주의 실험은 막을 내리고, 이후의 프로젝트들은 롱샹 성당처럼 복잡한 조각 같은 양식으로 성숙해나갔다.

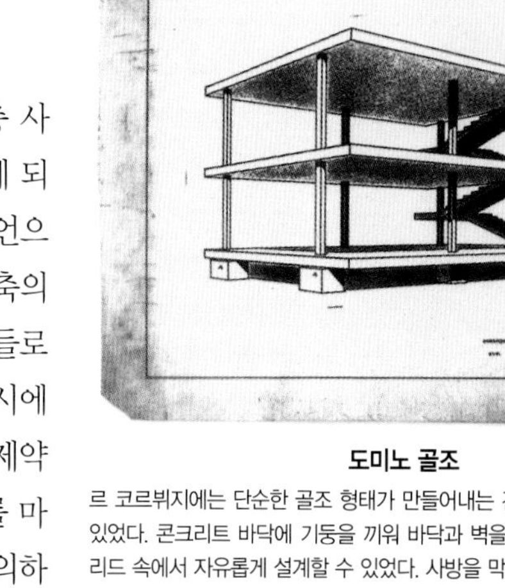

도미노 골조

르 코르뷔지에는 단순한 골조 형태가 만들어내는 건축의 가능성을 인식하고 있었다. 콘크리트 바닥에 기둥을 끼워 바닥과 벽을 분리함으로써, 구조적 그리드 속에서 자유롭게 설계할 수 있었다. 사방을 막거나, 유리를 끼우거나, 그냥 열어놓은 벽은 더 이상 구조 역할을 하지 않으며, 순수주의 형태를 표현하는 외피일 뿐이다. 이러한 도미노 시스템(1914~1915)을 적용하면 르 코르뷔지에가 주장한 '새로운 건축의 다섯 가지 원칙'(1926), 즉 자유로운 평면, 필로티, 자유로운 입면, 띠창, 옥상 정원을 쉽게 만들 수 있다.

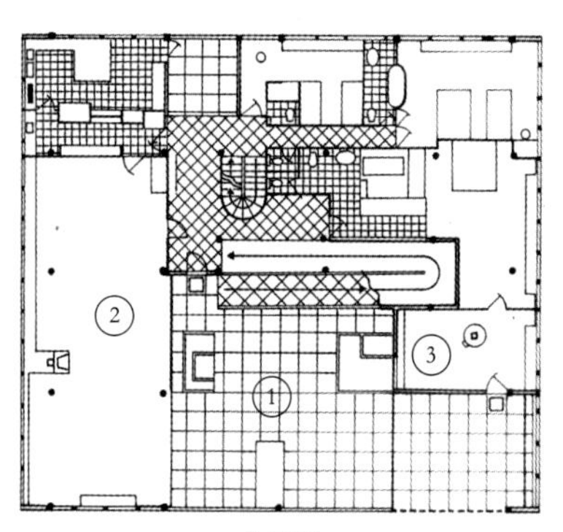

2층 평면도

칸막이 벽에 둘러싸여 있는 2층 테라스①는 밖에서 보면 건물 정면에 띠처럼 이어진 유리창을 통해 희미하게 보인다. 마치 외부에 있는 방처럼 설계된 테라스는 확장된 주거 공간이며, 유리 미닫이문을 지나 주 거실②과 연결된다. 침실③ 역시 테라스 쪽으로 열려 있어, 용도와 경계가 일부 겹쳐지는 공간들 사이를 쉽게 이동할 수 있다.

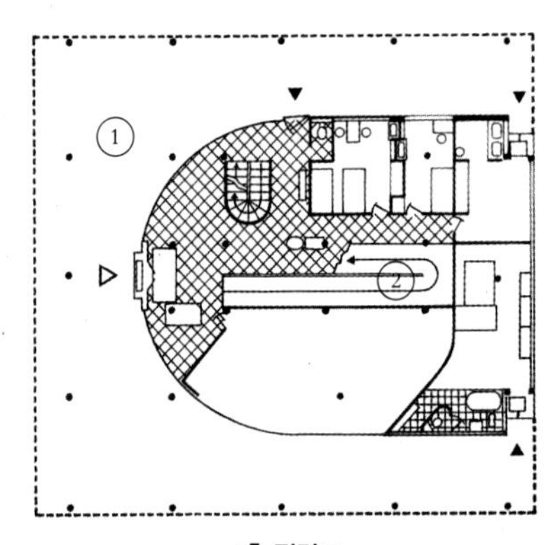

1층 평면도

응접실과 서비스 공간으로 이루어진 1층의 U자형 평면 구조는 문으로 들어오는 차가 회전할 수 있는 공간을 넉넉히 제공하며①, 이러한 이동 흐름이 내부 경사로②까지 이어지도록 설계되었다. 경사로는 주된 공용 공간들을 따라 쪽 이어지다가 옥상에 있는 테라스에서 끝난다.

곡선 형태

옥상 정원의 곡선 형태는 입체파 회화와 조각의 기하학을 닮았다. 기선의 굴뚝과도 비슷한 형태는 원양 여객선의 이미지를 불러일으키기도 한다.

필로티

필로티는 구조적 뼈대를 이루는 가느다란 기둥으로, 주 생활 공간(피아노 노빌레)을 지면 위로 올려놓는다.

르 코르뷔지에는 증기선, 비행기, 자동차와 같은 20세기 산업 사회의 이기들을 찬양하며, 공학자들을 위대한 고전주의 건축가들에 비유했다.

피아노 노빌레

르 코르뷔지에는 이탈리아 르네상스 양식의 궁전들에서 피아노 노빌레를 차용했다. 주 생활 공간이 땅 위로 올라와 있어, 테라스와 발코니에서 전망을 즐길 수 있다.

르 코르뷔지에

르 코르뷔지에(1887~1966)는 근대건축운동의 목표를 특징지었고, 또한 그 목표를 성취했다. 근대 사회의 기능적 요구에 따라 집이란 '살기 위한 기계'라는 유명한 비유를 남겼다. 그의 목표는 건축물의 구축과 설계를 진보적인 산업 방식으로 재편성하여, 초벌칠한 콘크리트와 판유리로 만든 단순하고 꾸밈없는 형태에 입체파의 평면적이고 추상적인 기하학을 결합시키는 것이었다. 후에 그는 조각 같은 형태와 시적인 소박함을 추구했다. 그의 건물들은 단순하면서도 급진적인 건축의 잠재력을 증명한다.

노트르담 뒤오 성당

프랑스 보주 산맥의 롱샹에 있는 노트르담 뒤오 성당(1950~1954)은 2차 세계대전을 기점으로 순수주의와 기계 미학에서 멀어진 르 코르뷔지에의 원숙한 후기 작업을 보여준다. 끝이 뾰족한 곡선 벽들 안에 숨겨진 철근 콘크리트 뼈대가 선체처럼 생긴 콘크리트 셸 구조의 지붕을 받치고 있다. 채색된 창들이 깊게 뚫려 있는 동쪽 벽은 곡선을 그리며 지붕의 끝머리까지 불쑥 튀어나와, 야외 미사에 쓰는 제단과 설교단을 보호한다. 이러한 조각 같은 장치 때문에 건물의 안팎이 뒤집어져, 잔디밭은 본당이 되고 교회당은 원경의 배경을 이룬다.

옥상 정원

입체파의 평면 기하학을 강조한 평평한 옥상은 정원 겸 일광욕 테라스로 쓰인다.

흰색 외부

'여객선' 같은 모습의 흰색 외부는 단색의 평면들로 이루어진 내부 공간들과 대조를 이룬다.

• 위치	프랑스 푸아시
• 건축 연도	1928~1931년
• 건축가	르 코르뷔지에
• 건물 구조	콘크리트조
• 건물 구분	빌라
• 공사 기간	3년

띠창

전통적인 내력벽이 필요하지 않기 때문에 창문은 정면에서부터 모퉁이까지 완전히 이어졌다. 이 창을 통해 지평선이 내다보이고, 건물의 수평성이 강조된다.

르 코르뷔지에는 규격화된 부품을 사용한 산업 생산 방식을 바람직하게 여겼다. 하지만 기계를 이용한 마감은 노동 집약적인 기술을 통해 이루어졌다. 이런 점에서 건축 공사는 자동차 산업에서 일반적으로 사용되는 산업 방식보다 훨씬 뒤떨어져 있었다.

자유로운 파사드

건물 둘레의 기둥들이 벽 테두리보다 안쪽으로 물러나 있어, 주요 골조가 내부로 들어가 있다. 건물의 둘레인 벽은 건물을 팽팽하게 둘러싸면서 입방체의 기하학을 표현하기도 하고, 빛을 받기 위해 활짝 열리기도 하는 커튼 역할을 한다.

"건축은 빛 아래로 볼륨들을 숙련되고 정확하고 장엄하게 모으는 작업이다."

르 코르뷔지에

구도

대지의 가장자리에서 보면 건물은 빌라 로톤다(40쪽 참고)와 같은 팔라디오풍의 빌라처럼 면밀하게 구성된 독립 구조물로 보인다.

엠파이어 스테이트 빌딩

슈리브(R. R. Shreve), 램(T. Lamb), 하먼(A. L. Harmon)이 설계한 엠파이어 스테이트 빌딩은 대공황기에 뉴딜 정책이 실시되기 전 1, 2차 세계대전 사이의 화려했던 시절에 지어진 마천루의 전형을 보여준다. 381m 높이에 102층 규모인 이 빌딩이 지어지기 전까지는 근처에 있는 319m 높이의 크라이슬러 빌딩이 세계에서 가장 높은 건물이었다. 뉴욕 중심부가 거대한 통근 인력을 바탕으로 급격하게 성장하면서 도시 개발의 밀도가 높아지고 도시의 땅값은 올라갔다. 점점 높아지는 건물에 발맞추어 조명, 난방, 배관, 통풍, 기계를 사용한 굴착, 기초 설계, 방화 시설 등이 함께 발전했다. 건축주는 세간의 이목을 끄는 고층 건축에 크게 매료되었고, 도시 스카이라인에서 돋보이기 위해 서로 경쟁했다. 다양한 요소를 결합한 새로운 건축 양식의 등장과 전성기를 맞이한 재즈 시대의 흥분은 사람들의 마음을 사로잡았다. 세계 대공황이라는 최악의 시기에 완공된 이 빌딩은 처음 몇 년 동안 비어 있었다.

철탑

국경일이나 중요한 행사 때에는 30층 꼭대기에 색이 바뀌는 조명이 밝혀진다. 빌딩이 거의 비어 있던 처음 몇 년 동안에는 하루에 3천 명의 방문객들이 전망대에 몰려 매년 100만 달러의 수입을 올렸는데, 이는 1929년에 주식 시장이 붕괴한 이후 얻은 중요한 소득이었다.

착륙대

전망대가 있는 16층짜리 철탑은 소형 비행선들의 계류탑으로 설계되었다. '계류장'으로는 딱 두 번 사용되었지만, 비행선을 타고 갈 수 있는 등대처럼 보이는 마천루의 진보적인 이미지는 전위적인 근대성의 이미지를 더해주었다.

구조

무게가 35만 톤인 이 건물은 리벳으로 접합된 5만 9천 톤의 강철 구조에 천만 개의 벽돌로 구성되어 있다. 1973년에 세계무역센터가 세워지기 전까지 세계에서 가장 높은 건축물이었다.

엘리베이터

기술의 발전으로 엘리베이터의 속도와 이동 거리가 높아지면서 다층 건물을 실무적으로 사용하는 것이 가능해졌다. 총 62개의 엘리베이터가 건물 중심부에 몰려 있다.

• 위치	뉴욕주 뉴욕시
• 건축 연도	1929~1931년
• 건축가	슈리브, 램, 하먼
• 높이	381m
• 층수	102층
• 건물 구조	철골조
• 건물 구분	사무실
• 공사 기간	58주

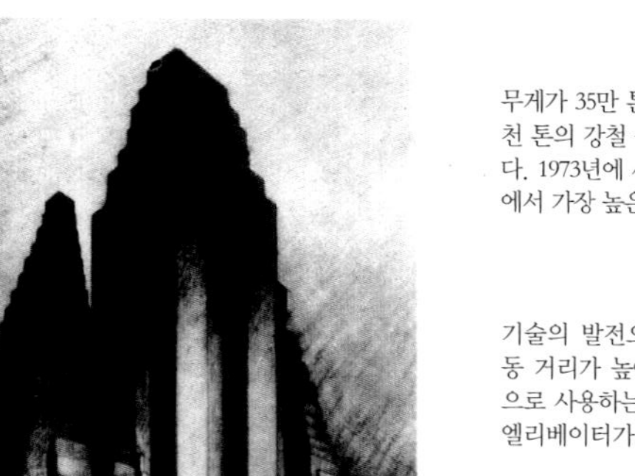

용도지역제 법령

1916년에 제정된 뉴욕의 용도지역제 법령은 도시 개발을 단속하기 위한 것이었다. 건물의 높이가 지면보다 위로 올라갈수록 건물의 전면이 안쪽으로 물러나게 함으로써, 지층과 고층 부분의 일조량을 개선하기 위해 제정한 법규였다. 휴 페리스의 그림(1929)은 이 법규가 허용하는 최대 용적을 보여준다.

공사

신기술과 현장 관리 기법을 사용하여 건물은 3,500명의 인부들이 일주일에 4.5층 씩 올리는 속도로 지어졌다. 공사는 착공에서 이양까지 410일이 걸렸고, 어떤 경우에는 10일 동안 14층 이상 올라가기도 했다.

철골 시공

19세기 말에 토목 기사들은 다리와 기차역 같은 토목 구조물이나 산업 건물에 사용되는 철골 구조에 익숙했다. 20세기 초에는 다층 건물에 이러한 구조 방식이 사용되었다.

새로운 건물 유형

1930년대에 유례없는 높이로 지어진 지구라트 형태의 마천루들은 뉴욕 용도지역제 법규를 활용한 이채로운 외관으로 사람들을 매료시켰다. 새롭고 자극적인 이 건물 유형은 시카고의 선구적인 마천루들도 거스르지 않았던 전통적인 건축 양식의 비례를 모두 깨트렸다. 건물의 현대적인 장식 요소는 아르 데코 양식에 영향을 받았지만, 효율적인 구성을 위해 불필요한 부분을 생략한 것은 환원적인 모더니즘 이념과 일맥상통한다.

매스 구성

건물에 필요한 일조와 통풍이라는 조건에 맞게 구성되었다. 효율적인 냉난방 시설이 등장하기 전까지 사무실은 창문에서 안쪽으로 8.5m 떨어진 지점까지가 실제로 사용 가능한 공간이었다.

아르 데코 양식

1925년에 파리에서 열린 '국제 장식미술 및 현대산업 박람회'는 이집트와 마야 같은 이국적인 역사와 문화에서 비롯된 형식을 크롬, 유리, 플라스틱과 같은 전위적인 재료들로 표현하는 '아르 데코' 양식을 선보였다.

창문

외장재 표면에서 불쑥 나와 있는 6,500개의 창문들은 알루미늄과 스테인리스 강으로 만들어진 수직 띠로 연결되어 있다.

외장재

현재 기준으로 보면 다소 무거운 강철 골조를 리벳으로 고정시키고 회색의 인디애나산 석회암을 입힌 다음, 알루미늄 띠로 입체감을 주었다.

기단

기단의 두 층에는 3층 높이의 입구 로비를 둘러싸고 가게와 식당들이 있다. 5층으로 이루어진 기단은 대지의 전체 면적을 차지한다. 공사 기간 동안 창고로 쓰이는 공간을 최소화하기 위해 건축 재료들은 엄밀한 일정에 따라 조달되고 조립되었다. 공사가 현대의 일관작업 방식과 비슷하게 진행된 덕분에 건물은 놀라운 속도로 완공될 수 있었다.

1930년, 윌리엄 밴 앨런이 설계한 크라이슬러 빌딩과 밴 앨런의 이전 사업 동료인 크레이그 세버런스가 설계한 맨해튼 은행이 세계 최고 높이의 건물 자리를 두고 경쟁을 벌였다. 두 건물은 층을 추가로 더 올릴 수 있도록 허가 받으려고 애썼다. 밴 앨런은 경쟁에서 이기기 위해 크라이슬러 빌딩의 환기 통로 안에 56m 높이의 강철 첨탑을 몰래 지었다. 이렇게 해서 319m가 된 크라이슬러 빌딩이 282m의 맨해튼 은행을 앞질렀다. 하지만 1년도 채 지나지 않아 381m의 엠파이어 스테이트 빌딩이 그 자리를 빼앗았다.

빌라 마이레아

1930년대 중반에 근대건축운동은 새로운 국면을 맞이하고 있었다. 순수주의 형태, 새로운 재료, 기계를 이용한 마감(르 코르뷔지에의 빌라 사부아와 국제주의 양식의 발전으로 대표된다)을 대상으로 한 초기 실험은 특정한 풍토적 · 문화적 기호에 맞춘 설계, 지역 정체성의 확립, 지방 전통의 흡수로 옮겨갔다. 빌라 마이레아는 개인 주택으로 지어졌다. 핀란드의 노르마르쿠에 있는 아름다운 산 속에 지어진 이 주택은 점차 발전해가는 근대건축운동의 원숙함을 드러내고 있다. 알바 알토는 열린 공간, 햇빛, 조각같은 형태와 같은 근대적 관심사를 지역 공예와 건축 기술을 현대적으로 사용하는 데 적용했다. 빌라 마이레아는 이어져 내려오는 전통과 지역 고유의 전원생활을 북유럽 고전주의의 소박한 절제와 함께 혼합하여, 주변 환경이나 핀란드의 문화적 전통과 끈끈하게 연결되어 있는 듯한 느낌을 준다.

정원과 수영장

빌라의 L자형 평면 구조는 정원과 수영장을 뒤편으로 가려준다. 정원 테라스로 바로 연결되는 유리벽을 통해 숲의 경관을 볼 수 있다. 목재의 단순한 처리와 칸막이들은 알토가 일본 건축에 관심을 가지고 있음을 보여준다.

기둥 스팬

다양한 기둥 스팬이 건물 그리드의 단조로움을 깬다. 르 코르뷔지에의 규칙적인 도미노 설계나 미스 반 데어 로에의 통제된 그리드와는 달리, 구조에 얽매이지 않는다.

목재 판자

작업실 벽에는 세로 판자들이 끼워져 있다. 목재 널빤지들의 윤곽이 작업실 벽의 구부러진 볼륨과 목재의 결을 강조한다.

난간

배의 난간 같은 모습으로 발코니 위에 설치된 난간은 근대건축에서 흔히 볼 수 있는 모티프이며, 자연 그대로의 나뭇결을 지닌 목재와 관 모양의 강철로 만들어졌다.

천연 재료

1층의 서재는 티크 판들로 덮었고, 땅에 가까운 아래 접합부는 화강암으로 마감했다. 파사드를 이루고 있는 다양한 재료는 제각기 풍부한 색조를 드러내고 있다.

식재

석판들 사이에 끼어 있는 브래킷은 나무에 물을 주는 수도관과 차일 지지선을 받쳐준다. 덩굴 식물은 파사드의 질감 효과를 더해주는 재료다.

알바 알토

알바 알토(1898~1976)는 초기 작품들로 초기 근대 국제주의 건축의 대표자로 명성을 얻었다. 그는 핀란드의 소박한 고전주의 전통을 표현하고, 천연 재료를 선호하며, 지역 전통의 공예 기술을 세련되게 사용한다. 그는 건축 작업과 가구 및 유리 제품 디자인을 통해 20세기의 가장 영향력 있는 건축가로서 크게 기여했다.

지붕이 있는 테라스

지붕에 잔디가 깔린 목조 차양이 있고 바닥이 포장되어 있는 테라스는 주택에서 떨어져 있는 사우나실까지 이어져 있다. 풀줄기를 엮어 문을 만들거나 버들고리로 동여매는 것처럼 전원적인 재료들을 사용한 덕분에, 풍경과 자연스럽게 경계를 이룬다.

벽난로

벽난로는 많은 방들의 중심이 된다. 현관 포치에서 시작되어 개방된 생활 공간을 관통하는 풍경은 식당 벽난로에서 끝난다. 노출된 벽돌이 흰색 회반죽과 대조를 이루고 있는 벽난로는 식당 뒤쪽에 있는 테라스의 바깥 난로와 같은 굴뚝을 쓴다.

구조

위층의 침실들은 기둥과 내력벽으로 받쳐져 있다. 기둥은 재료와 위치가 다양한데, 구조 골조의 규칙적인 간격에 따라 결정되는 것이 아니라, 방의 크기에 따라 선택된다.

내민창

내민창의 삼각형 모양은 조경된 숲 진입로 방향에서 인상적인 풍경을 연출한다. 건물은 대지에 맞추어 지어졌기 때문에, 안에서 내다보는 정원의 전망이 뛰어나다.

질감을 살린 마감

침실과 작업실은 근대건축운동 건축물에서 흔히 발견할 수 있는 체적 형태를 지니고 있다. 여기에 근대 입체파 건축처럼 흰색으로 매끄럽게 초벌칠한 부분은 벽돌에 석회 도료를 칠하고 대강 다듬어 질감을 살린 부분으로 보완된다.

"건축의 가장 중요한 모델은 기계가 아니라 자연이다."
알바 알토

목재, 자기, 유리를 이용한 수공예는 스칸디나비아풍 설계의 특징인 풍부함과 단순함에 기여한다. 이런 공예에 필요한 전통 기술들은 산업화 과정에서도 살아남아, 전후 모더니즘의 전원적인 경향에 흡수되었다.

현관 포치

현관 포치에는 묘하게 배치된 기둥들과 목재 스크린이 자유로운 형태의 목재 캐노피를 받치고 있다. 숲의 일반적인 이미지인 피난처를 표현한다.

• 위치	핀란드 노르마르쿠
• 건축 연도	1938~1941년
• 건축가	알바 알토
• 건물 구조	철근조, 벽돌조, 석조, 목조, 강철조
• 층수	2층
• 건물 구분	빌라

판즈워스 저택

• 위치	일리노이주 시카고
• 건축 연도	1945~1951년
• 건축가	루트비히 미스 반 데어 로에
• 건물 구조	용접된 철골조
• 건물 구분	주택

르코르뷔지에(84쪽 참고)와 알바 알토(88쪽 참고)가 후기 근대 건축의 조각적 · 전원적 경향을 대표한다면, 이와 대조적으로 루트비히 미스 반 데어 로에는 구조용 강재와 투명한 유리 상자("적은 것이 더 풍부하다"라는 그의 말을 요약해주는 이미지)의 미니멀리즘적 가능성을 탐구하며 절제된 모더니즘을 추구했다. 미스 반 데어 로에는 고층화된 사무소 건축의 유행을 주도했지만, 후기 작업에서는 엄격하게 조직한 구조에 세심한 노력을 기울인 비례와 디테일을 결합했다. 미스의 후반기 작업에서 나타나는 추상적인 아름다움을 따라올 건축가는 거의 없었다. 일리노이주의 시카고에서 96.5km 떨어진 폭스 강 북안에 위치한 판즈워스 저택은 4세기 전의 빌라 로톤다(48쪽 참고)가 그랬듯, 도시 생활에서 벗어나 편안히 쉴 수 있는 세련되고 금욕적인 피난처가 되어준다. 빌라 로톤다처럼 고대 그리스 신전의 계보를 잇고 있지만, 20세기 중반의 개성이 구석구석에 녹아 있다. '아르카디아풍의 풍경' 속에 놓인 소박한 흰색 골조는 명쾌한 모더니즘과 고전적인 단순함을 표현한다.

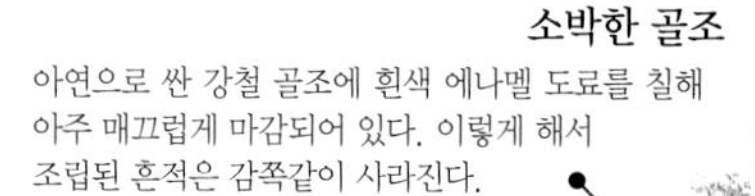

소박한 골조
아연으로 싼 강철 골조에 흰색 에나멜 도료를 칠해 아주 매끄럽게 마감되어 있다. 이렇게 해서 조립된 흔적은 감쪽같이 사라진다.

높여진 강철 골조
노출된 강철 골조가 바닥을 지면에서 1.2m 위로 들어올려, 시각적으로 건물을 풍경에서 떼어놓는다.

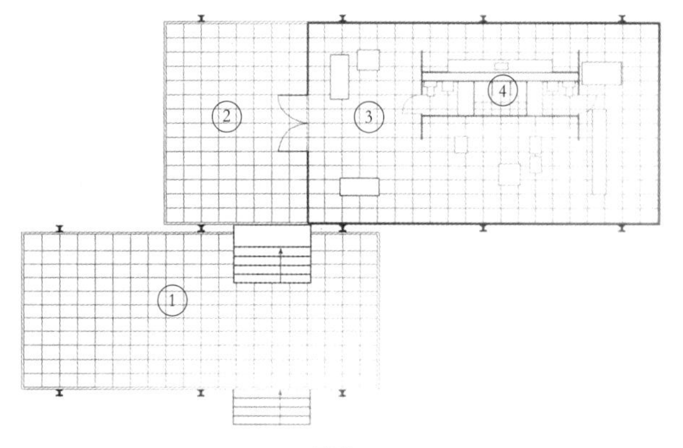

평면도
투명성과 전망을 최대 보장하는 평면도로, 세 구역이 연결되어 있다. 지면에서 살짝 떠 있는 ①개방된 마루, ②지붕 달린 현관, ③유리에 둘러싸인 공간. ④부대시설 공간에는 욕실 두개와 부엌, 벽난로, 창고가 있다. 창고와 부대시설이 중심부에 몰려 있어 배관이나 케이블이 밖으로 빠져 나가지 않아서 건물의 단순한 형태가 유지된다.

내부
욕실과 창고 공간이 힘을 받지 않는 비내력 칸막이 벽들 뒤에 숨겨져 있어, 거주자는 단순한 은둔 생활을 꿈꿀 수 있다. 칸막이 벽들은 경계가 불분명한 거실, 침실, 식당을 미묘하게 구분하여 유동적인 내부 공간을 만들어낸다.

대리석 판
대리석 판이 완전히 평평하게 놓일 수 있도록 그 안에 배수시설을 숨겨 놓았다. 따라서 정밀한 수평면을 유지하게 되었다.

이 집은 에디스 판즈워스가 주말 별장으로 의뢰한 것이다. 그녀는 결과물에 불만족을 표했지만, 17년 동안 이용했다.

루트비히 미스 반 데어 로에

미스 반 데어 로에(1886~1969)는 1919년에 투명한 유리 마천루를 설계하면서 유명해졌다. 바르셀로나 파빌리온(1928~1929)과 뉴욕의 시그램 빌딩(1954~1958)은 명쾌한 모더니즘을 보여주는 본보기로서, 근대건축운동에 지속적인 영향을 미쳤다.

숨겨진 고정 장치

철제 프레임은 숙련된 기술로 매우 정교하게 용접되었다. 용접은 정확하게 지면에서 떨어져 있고 고정 장치들은 완벽하게 숨겨져 보이지 않는다.

미니멀리즘

골조와 유리의 절제된 우아함은 섬세한 세부 처리를 통해 이루어진다. 이 근본적인 단순함을 유지하려면, 모든 설비, 배수 장치, 비품들이 면밀하게 조화되고 통제되어야 한다. 극단적으로 축소된 양식을 지향했던 미스 반 데어 로에의 건축은 미니멀리즘이라는 건축 사조의 탄생에 일조했다.

판유리 창문

철골조 사이에 전신 유리판을 끼워 넣고, 강철로 만든 아주 작은 글레이징 비드(창틀 내부에 채워 넣는 소재)로 고정해놓았다. 문과 열 수 있는 창문 하나를 통해 내부를 환기시킨다.

투명성

다리와 도로가 지어져 강 건너편에서 집이 건너다보이자, 비단 커튼을 달아 유리 상자의 투명성을 잃고 말았다.

계단의 발판

마루 바닥재와 마찬가지로 석회와 대리석으로 만든 계단 발판 역시 공중에 떠 있는 수평면의 모습을 하고 있다.

시드니 오페라 하우스

시드니 항구의 돌출한 해안지구에 지어진 오페라 하우스는 근대 건축의 가장 인기 있는 아이콘이 되었다. 1957년에 열린 설계 공모전에서 당선된 이외른 우촌의 계획안은 강력한 개념적인 아이디어로 높은 점수를 받았다. 이 오페라 하우스는 세 가지 중요한 요소를 지니고 있는데, 첫째로 공적 기능을 수행하는 공중의 지붕 구조물, 둘째로 부대시설을 갖춘 기단, 마지막으로 친교 목적의 공간들을 연결하는 행로들이 한데 모이는 계단식 중앙광장이다. 층을 이루고 있는 육중한 기부에서 솟아올라 돛처럼 공중에 떠 있는 셸 구조의 지붕은 마치 물에서 극적으로 나타난 것처럼 보이며, 우촌의 고향인 덴마크에 있는 물가의 고딕 교회들과 돛을 전부 올리고 시드니 항구를 메운 요트들을 연상시킨다. 실제로 후자의 이미지가 건물에 성공적으로 표현되어, 형태와 기능을 조화시키면서 발생한 기술적인 문제들을 압도해버렸다. 설계 변경과 오랜 공사 지연으로 우촌은 사임했고, 그 뒤를 이어 홀, 리트모어, 토드로 구성된 팀이 원래 예산의 10배를 들여 1973년에 건물을 완공했다.

하늘에서 내려다본 모습

시드니 오페라 하우스는 시드니 항구의 베넬롱 포인트에 서 있다. 서로 맞물린 콘크리트 셸 구조물들이 세 덩어리를 이루고 있는데, 그 안에 두 개의 주 공연장(오페라와 연주회)과 영화관(원래는 극장이었다), 식당이 있다. 기울어진 건물의 중심축은 육지 쪽 진입로를 향해 있다.

• **위치**	오스트레일리아 시드니
• **건축 연도**	1959~1973년
• **건축가**	이외른 우촌
• **건물 구조**	강화 콘크리트 볼트, 콘크리트 셸 덮개
• **건물 구분**	공연장
• **공사 기간**	14년

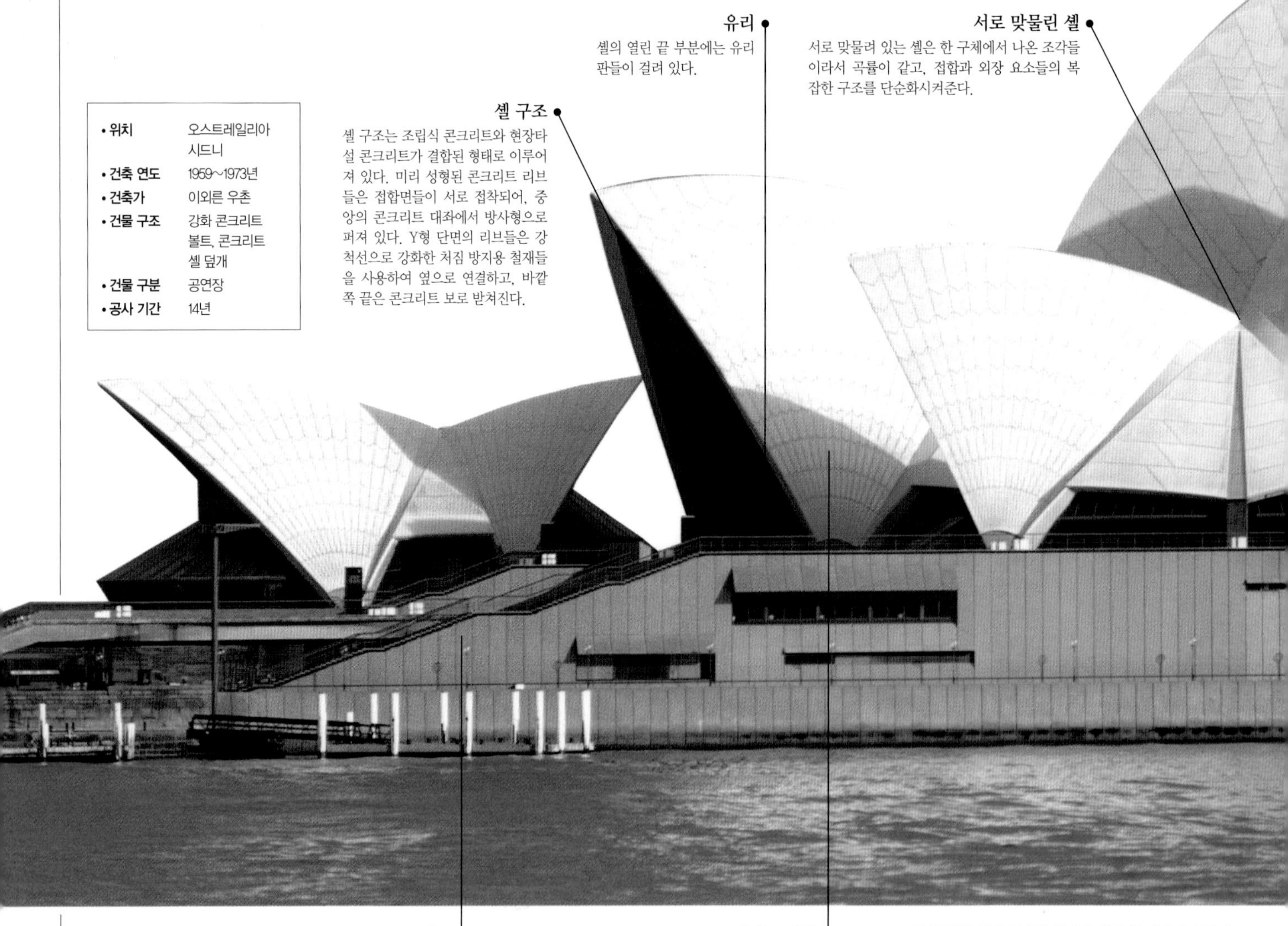

유리

셸의 열린 끝 부분에는 유리 판들이 걸려 있다.

서로 맞물린 셸

서로 맞물려 있는 셸은 한 구체에서 나온 조각들이라서 곡률이 같고, 접합과 외장 요소들의 복잡한 구조를 단순화시켜준다.

셸 구조

셸 구조는 조립식 콘크리트와 현장타설 콘크리트가 결합된 형태로 이루어져 있다. 미리 성형된 콘크리트 리브들은 접합면들이 서로 접착되어, 중앙의 콘크리트 대좌에서 방사형으로 퍼져 있다. Y형 단면의 리브들은 강척선으로 강화한 처짐 방지용 철재들을 사용하여 옆으로 연결하고, 바깥쪽 끝은 콘크리트 보로 받쳐진다.

행로

주 광장에서 3층으로 이루어진 기단의 널따란 계단을 따라 올라가면 관객석 입구가 나온다.

셸의 조각들

높이가 최대 60m까지 이르는 셸의 조각들은 리브가 있는 방사형 콘크리트 보와 5cm 두께의 벽으로 구성되었다.

무대 장치가 주 무대의 밑에서 위로 올려지기 때문에, 전통적인 오페라 하우스처럼 장면을 전환하기 위해 무대 장치를 조작하는 큰 탑이 필요하지 않다.

음향 환경

셸 구조의 형태 때문에 공연장에 필요한 기능적 조건에 많은 문제가 생겼다. 내부 벽에 붙은 합판이 음향 환경을 조절한다. 무대 위에서 보이는 플렉시 유리판을 낮추면 입체 음향을 위한 반사판으로 쓸 수 있다

'부가 건축'의 개념을 말하면서 우촌은 알바 알토의 벚꽃 비유를 인용했다. "각각의 꽃송이는 가지에서 차지하는 특별한 위치에 따라 다른 꽃송이와 다르지만, 모든 꽃송이들은 같은 요소로 이루어져 있다…… (이것이 바로) 내 프로젝트의 기초다."

이외른 우촌

이외른 우촌(1918~)은 덴마크의 코펜하겐에서 태어났다. 그는 영향력 있는 스칸디나비아 근대 건축가인 군나르 아스플룬드(1885~1940)와 알바 알토(88쪽 참고) 밑에서 일했다. 우촌의 설계는 '동류의 사물들'로부터 단순한 해법을 만들어 내는 명백하고 개념적인 표현이 특징이다. 이러한 개념은 '부가 건축'으로 알려지게 되었다.

음악당

주 음악당은 가장 높은 셸 안에 있다. 원래는 관현악 공연과 오페라 공연 모두 열리는 겸용 홀로 설계되었다.

오페라 극장

음향과 기능상의 문제 때문에 독립된 오페라 극장이 따로 마련되었다. 관객석은 총 1,547석이다.

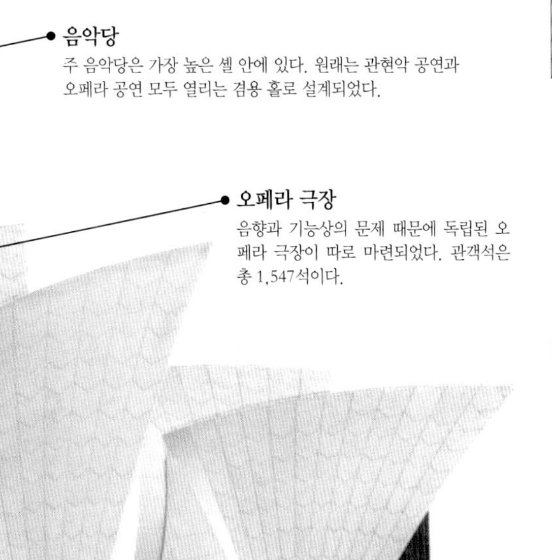

타일

미리 성형된 콘크리트로 만들어진 리브 볼트에는 광택이 있거나 없는 자기 타일이 백만 개 이상 덮여 있다. 물고기 비늘처럼 반짝이는 타일들이 건물의 방사형 외관을 강조한다.

우촌은 후기 근대 건축에 특징적으로 나타나는 '누리는 공간과 보조하는 공간' 장치를 사용한다. 기단 속에 있는 부엌과 사무실 같은 보조하는 공간들은 통로, 관객석, 휴게실 같은 누리는 공간의 활동을 지원한다.

기단

콘크리트로 구성된 기단 속에는 모든 부대시설들이 갖춰져 있다. 또한 사람들이 주로 이용하는 공간도 기단에 있기 때문에, 사람들은 시각적인 장애물 없이 항구의 전경을 즐길 수 있다.

외장

기단을 덮고 있는 화강암 판은 기단의 부피감을 강조하고, 흰색 자기 타일에 덮여 높이 치솟은 가벼운 셸의 지붕에 시각적으로 든든한 토대가 되어준다.

셸 구조를 내부 형태에 맞춰야 하는 기능적인 조건 때문에 설계상 이런 문제들이 발생했고, 이에 따라 좌석수도 수정되었다.

도쿄 올림픽 주경기장

20세기 초반의 모더니스트들은 단순하면서도 정형적이며, 또한 정신적인 감동을 주는 일본의 전통 건축에서 근대 건축을 표현하기 위한 구체적인 원형을 발견했다. 이러한 고유의 가치들이 일본의 문화유산을 형성하였고, 이를 통해 일본은 여전히 현대 건축에 영향력을 발휘하고 있다. 1964년 도쿄 올림픽에서 열릴 수영과 농구 경기를 위해 단게 겐조가 설계한 도쿄 올림픽 주경기장은 거부감을 주지 않는단순한 형태와 명료하게 표현된 조각같은 형태로 복잡한 기능을 노련하게 해결하고 있다. 이 프로젝트에는 대형 경기장과 소형 경기장, 그리고 이 둘을 연결하는 보조 건물이라는 세 가지 뚜렷한 요소가 있다. 보조 건물의 평평한 지붕은 경기장을 가로지르는 통로로도 쓰이는데, 그 극적인 형태는 기능과 구조를 자연스럽게 통합하며 전통적인 일본 건축에서 보이는 상징주의와 강한 표현력을 보여준다. 이러한 성과는 단순한 기능주의의 영역을 넘어섬으로써 얻어진다. “형태는 기능을 따른다”라는 냉철한 합리적 원리를 재해석하는 단순하면서도 시적인 이미지는, 아름다운 것만이 진정으로 기능적일 수 있다는 겐조의 주장을 그대로 드러낸다.

지붕 형태

주경기장을 덮고 있는 돌출된 지붕은 방문객들을 반기는 뚜렷한 진입점이 된다. 지붕의 이러한 형태는 경기장 내의 활동을 방해하지 않으면서도, 관객들을 자연스럽게 경기장 안으로 안내한다. 조각같은 모습은 건물의 형태와 기능을 분명하게 표현해준다.

• **위치**	일본 도쿄
• **건축 연도**	1961~1964년
• **건축가**	단게 겐조
• **건물 구조**	철근조, 강철조, 인장 구조
• **건물 구분**	스포츠 경기장

콘크리트 기둥

돛대 모양의 콘크리트 기둥이 지붕의 주요 케이블들을 받쳐 준다. 이처럼 간결한 세부 처리는 극적이고 섬세한 구조물을 지탱하는 기둥이 적절하게 사용되었음을 표현한다.

현대적 표현

갈래진 콘크리트 기둥의 형태는 전통적인 신도 신궁(16쪽 참고)의 십자형 서까래를 생각나게 한다. 이렇듯 전통 건축의 모티프를 참조하는 것이 본질적으로 구조물 속에 내재되어 있기는 하지만, 그들과는 또 다른 고유한 문화적 유산을 이뤄내기에는 부족함이 없다.

인장 케이블

깊숙이 파묻힌 콘크리트 기초가 지름 33cm의 육중한 인장 케이블들을 붙잡아둔다. 인장 구조물은 외관상 가벼워 보이지만, 강철 케이블이 지지하는 힘은 엄청나다.

고정 기둥

콘크리트와 강철에 가해지는 강한 압축력과 인장력은 케이블과 고정 기둥(닻의 역할을 하는 기둥)이 만나는 지점에서 극적으로 표현된다.

입구의 캐노피

중심축을 따라 서로 어긋난 타원형 평면 구조에 의해 입구 캐노피가 생겼다. 대칭적인 형태는 별도의 장치 없이도 평면 구조의 기능을 수행하며, 자연스레 구조물의 균형을 이루어낸다.

지붕선

지붕선의 완만한 곡선은 전통적인 일본 사원의 지붕을 간접적으로 표현한다.

단게 겐조

단게 겐조(1913~2005)의 초기 작업은 유럽의 모더니즘과 2차 세계대전 이후 일본의 신흥문화를 연결하는 다리가 되었다. 단게는 영향력이 있는 메타볼리즘 그룹을 공동 창설하여, 점점 높아지는 도시의 인구 밀도를 해결하기 위한 급진적이고 가변적인 방법들을 실험했다. 단게는 건축가, 교사, 도시 계획가로서 국제적인 명성을 얻었고, 일본 건축에 표현적이고 독창적인 새로운 바람을 일으켰다.

하늘에서 내려다본 모습

평면에서 볼 때 타원형인 주경기장은 한꺼번에 15,000명을 수용할 수 있는 규모다. 주경기장은 수영과 다이빙 경기는 물론, 빙상 경기장으로도 사용할 수 있다. 이보다 더 작은 4,000석 규모의 원형 경기장은 본래 농구 경기장으로 설계되었지만, 지금은 다른 종목의 경기들과 회의가 열리고 있다. 이 두 경기장은 탈의실, 연습용 수영장, 식당, 사무실 등이 갖추어진 부대시설 건물로 연결되어 있다. 방문객들은 지붕을 통해 경기장을 이동할 수 있다. 이 고층 지붕 통로는 그 인기가 지속되면서 각종 문화 활동 장소를 비롯하여 일반인들의 산책로로 각광받게 되었다.

매달린 지붕 구조

이런 지붕 구조는 건물의 본래 기능을 해치지 않으면서도, 국제 올림픽 경기를 하는 데 있어서 연극의 배경과 같은 분위기를 연출한다. 선구적 형태라고 할 수 있는 매달린 지붕은 중량이 가벼우면서도 깨끗한 느낌의 연결 구조로 보이게 해준다. 건물의 외관을 보며 사람들이 가졌을 기대에 충분히 부응할 만큼 넉넉한 내부 공간을 갖추고 있어, 관람객들은 시야에 제약을 받지 않고 경기장에서 진행되는 경기에 집중할 수 있다.

현수 지붕 케이블

받침대의 두 점 사이에 매달려 자연스럽게 늘어진 듯한 현수 지붕 케이블은 주요 케이블에 묶여 있다. 가로축에 실 모양의 케이블들이 그물과 같은 역할을 함으로써 지붕을 덮는 강철판들을 지탱해준다. 이런 케이블의 형상으로 지붕은 복잡해보이면서도 자연스러운 3차원 곡선을 띤다.

채광창

주요 케이블들의 인장력으로 지붕 마룻대를 따라 생긴 타원형 창문은 자연광을 내부로 들어오게 하는 채광창으로 쓰였다.

외벽

콘크리트 외벽은 그물 구조의 지붕 케이블 바깥 부분을 지탱한다. 외벽은 곡선 모양으로 조각되어 케이블의 힘을 지탱할 수 있다. 외벽은 외관상 지붕의 인장력에 의해 들려진 것처럼 보이기 때문에 팽팽하고 자연스러운 균형을 이룬다.

지붕의 측면

지붕의 측면은 경기장 내부에서 관객들의 시야를 방해하지 않도록 구부러진 형태로 설계되었다. 외벽을 지탱하는 콘크리트 벽에서 캔틸레버 형태로 뻗어 있는 좌석은 층별로 경사가 있도록 배치되어 있다.

석조 기초

옹벽 석조물은 봉건 시대 일본 성들의 육중한 요새를 연상시킨다. 계단식 층들은 조각된 듯한 경기장의 형태를 보완해준다.

노출 콘크리트

노출 콘크리트 표면의 미감 상태는 목재 거푸집을 제작할 때 요구되는 소목 세공 기술과 같은 정밀함에 따라 좌우되기 때문에, 콘크리트는 일본 건축의 엄격한 기준에 가장 적합한 재료다.

퐁피두 센터

파리의 역사적인 중심지에 위치한 퐁피두 센터는 노골적으로 산업적 미학을 드러낼 뿐 아니라, 기존에 있던 시민문화시설과는 다른 새로운 기능을 위해 지어졌다는 이유로 평판이 좋지 못했다. 공사가 진행되는 동안 설계를 수정하라는 요구가 빗발쳤지만, 1977년에 완공되자마자 퐁피두 센터는 첫 해에 600만 명의 방문객이 찾았다. 이 센터의 국제 공모전에서는 당시 건축계의 텃새에도 불구하고 젊고 급진적인 렌조 피아노와 리처드 로저스의 계획안이 당선되었다. 수많은 사람들의 안전과 이동성을 위해 최적의 개방성과 유연성을 확보할 수 있는 디자인이 필요했기 때문에 넓은 자유 스팬 구조로 계획되었다. 모든 편의시설은 지하 하부 구조와 강철 골조로 된 상부 구조에 집약되어 있고, 1층은 완전히 개방하여 공공 집회와 거리 예술을 위한 공간으로 제공된다. 건물 안에는 미술관, 도서관, 영화 극장, 디자인 센터 등이 있다. 전력 및 환경 제어 장치들은 바닥과 천장의 통풍구에 배분되어 있어, 일반인들이 불편 없이 편의시설을 즐길 수 있도록 했다. 퐁피두 센터의 활기찬 광장은 전통적인 여느 건축물과 다른 외관과 급진적인 설계에 이미 익숙해진 많은 방문객들에게 잊지 못할 경험을 선사한다.

부대시설

수직으로 연결된 전기, 상하수도 배관과 공조 덕트는 건물 외부에 설치되어 있다. 기능별로 색깔을 구분한 관을 과감히 노출시켜, 내부 공사를 유연하게 계획할 수 있을 뿐 아니라 차후 개량할 때에도 쉽게 접근하도록 했다.

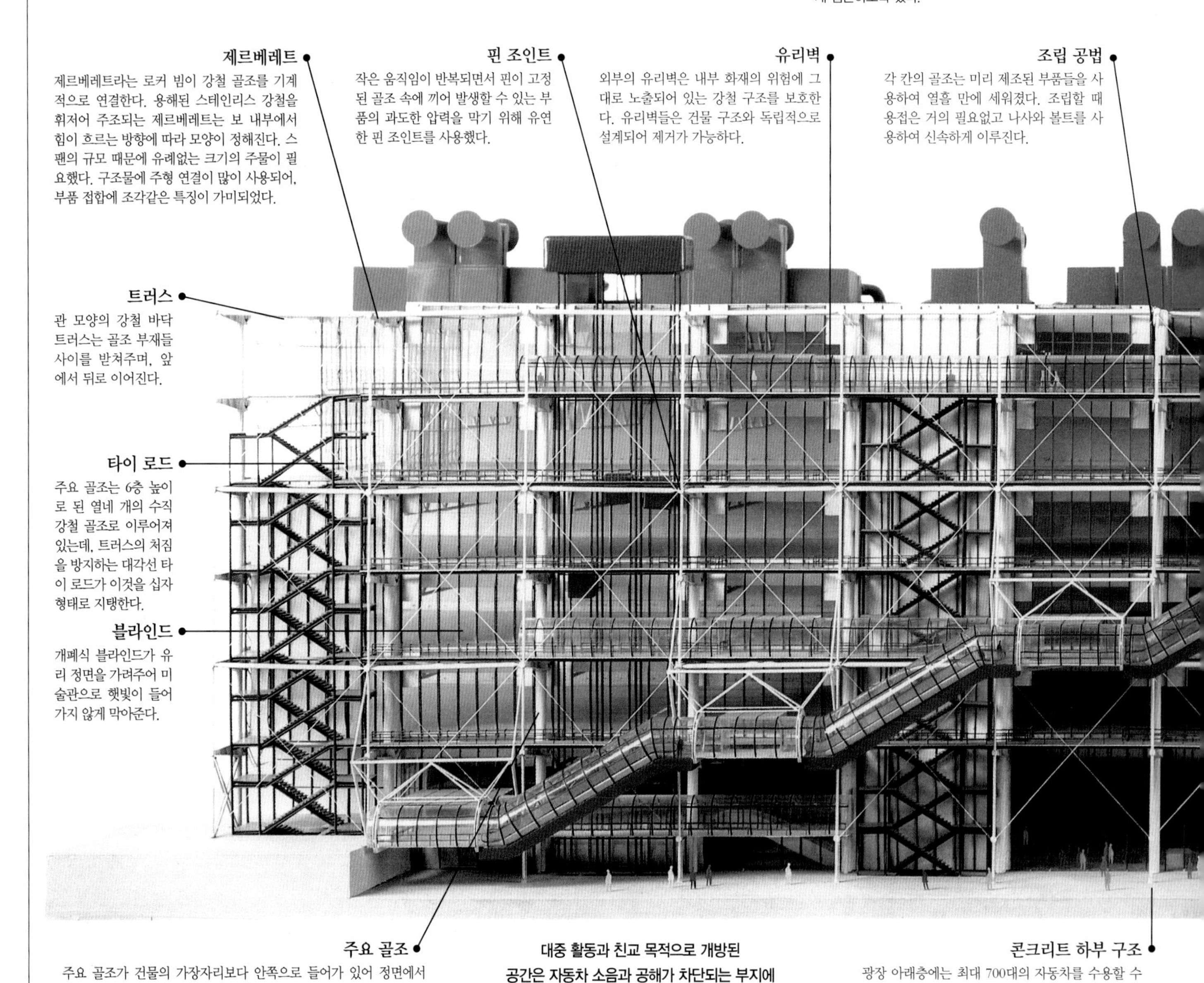

제르베레트
제르베레트라는 로커 빔이 강철 골조를 기계적으로 연결한다. 용해된 스테인리스 강철을 휘저어 주조되는 제르베레트는 보 내부에서 힘이 흐르는 방향에 따라 모양이 정해진다. 스팬의 규모 때문에 유례없는 크기의 주물이 필요했다. 구조물에 주형 연결이 많이 사용되어, 부품 접합에 조각같은 특징이 가미되었다.

핀 조인트
작은 움직임이 반복되면서 핀이 고정된 골조 속에 끼어 발생할 수 있는 부품의 과도한 압력을 막기 위해 유연한 핀 조인트를 사용했다.

유리벽
외부의 유리벽은 내부 화재의 위험에 그대로 노출되어 있는 강철 구조를 보호한다. 유리벽들은 건물 구조와 독립적으로 설계되어 제거가 가능하다.

조립 공법
각 칸의 골조는 미리 제조된 부품들을 사용하여 열흘 만에 세워졌다. 조립할 때 용접은 거의 필요없고 나사와 볼트를 사용하여 신속하게 이루진다.

트러스
관 모양의 강철 바닥 트러스는 골조 부재들 사이를 받쳐주며, 앞에서 뒤로 이어진다.

타이 로드
주요 골조는 6층 높이로 된 열네 개의 수직 강철 골조로 이루어져 있는데, 트러스의 처짐을 방지하는 대각선 타이 로드가 이것을 십자 형태로 지탱한다.

블라인드
개폐식 블라인드가 유리 정면을 가려주어 미술관으로 햇빛이 들어가지 않게 막아준다.

주요 골조
주요 골조가 건물의 가장자리보다 안쪽으로 들어가 있어 정면에서 느껴지는 강한 인상을 최소화 시킨다. 또한 구조와 외피의 섬세한 레이어들을 통해 건물 안팎의 전망을 즐길 수 있다.

대중 활동과 친교 목적으로 개방된 공간은 자동차 소음과 공해가 차단되는 부지에 한하여 사용이 가능하다.

콘크리트 하부 구조
광장 아래층에는 최대 700대의 자동차를 수용할 수 있는 지하주차장과 극장을 비롯하여, 대형 창고와 넓은 설비 구역이 있다.

구조적 특성

긴 스팬을 확보하기 위해 골조에 강철의 구조적 특성을 이용한다. 주 기둥을 관통하는 핀에 의해 로커 빔, 즉 제르베레트가 움직일 수 있게 되어 속이 빈 기둥은 압축력을, 레버의 바깥쪽 끝에 죄어져 있는 수직 강철 장대는 인장력을 받게 된다.

걸어다니는 도시

1960년에 아키그램 그룹을 결성한 영국의 영향력 있는 건축가들은 진보된 기술과 통합된 건축의 가능성을 탐구했다. 론 헤론의 '걸어다니는 도시'(1965)는 건물의 기능, 역할, 외관에 대한 기존 관념을 깨기 위해 공상과학소설의 이미지와 팝 아트를 사용한 일련의 이론적인 프로젝트다. 퐁피두 센터는 이 내용의 상당 부분을 구현하고 있다.

렌조 피아노와 리처드 로저스

렌조 피아노(왼쪽, 106쪽 참고)와 리처드 로저스(오른쪽, 1933~)는 퐁피두 센터의 설계 공모전을 위해 손 잡았다. 두 사람은 구조적·기술적 혁신과 도시 설계로 인정받고 있는 중요한 현대 건축가들이다.

- **위치** 프랑스 파리
- **건축 연도** 1971~1977년
- **건축가** 렌조 피아노, 리처드 로저스
- **건물 구조** 강철 골조, 콘크리트조
- **층수** 6층
- **건물 구분** 문화 센터

에스컬레이터

150m 길이의 에스컬레이터는 주요 골조에 구조선처럼 매달린 강화 유리관 속에 있다. 이 에스컬레이터는 파리의 가장 멋진 스카이라인을 마음껏 볼 수 있는 장소 중 한 곳이다.

골조의 스팬이 48m에 이르고 부품들의 규모도 크기 때문에, 서로 다른 속도로 팽창하는 재료들 사이의 위치 이동과 온도 변화로 인해 골조가 받는 압력을 완화시켜줄 수 있는 정교한 시스템이 필요하다.

내화 재료

주된 구조체는 방화 피복재와 피복된 덮개 판으로 보호되어 있다. 화재가 일어나면 스프링클러 장치가 작동하여 구조적 접합 부분들을 식혀주고 유리막에 물을 뿌린다.

소방 계단

독립적인 강철탑 내부에 여덟 개의 피난 계단이 설치되어 있다.

바닥 보

전면에서 7m 뒤로 물러나 13m 간격으로 서 있는 기둥들은 건물의 안길이에 걸쳐진 격자형 강철 바닥 보에 연결된다.

원래는 유리벽에 전자 간판을 결합해 광고나 정치적 소식을 전달하려고 했다. 그러나 정치 선전에 이용될 우려가 있어 제거했다.

주 기둥

화재가 발생하면 물이 채워져 있는 기둥들이 선분을 식혀준다. 기둥의 꼭대기는 열려 있어서 물이 끓으면 증발하게 되므로, 강철이 휘어져 무너지지 않게 해준다.

슈투트가르트 미술관

제임스 스털링 경이 마이클 윌퍼드와 함께 설계한 독일의 슈투트가르트 미술관 신관은 기존에 있던 신고전주의 미술관을 증축한 것이다. 그는 19세기 미술관들, 특히 알테스 무제움(64쪽 참고)과 인근 건물들에서 영감을 받았다. 설계 공모전에서 요구한 필수 조건은 건물을 관통하는 공용 통로와, 주차장이 보이지 않도록 기단을 높게 하는 것이었다. 전시관들은 기단 위에 U자형 블록으로 배치되어 있고, 관리 사무실들은 뒤편에 있다. 부지를 관통하는 공용 통로와 화랑 공간들의 중심점이 되는 중앙의 로툰다는 조각 마당으로 사용된다. 독립된 별관들에는 실험극장이 있다. 거리에서 경사로를 따라 기단으로 올라가면 자유로운 형태의 로비가 나오는데, 곡선 형태의 유리 벽을 통해 들어온 빛이 아름답게 내부를 비춘다. 건물은 고전주의와 모더니즘의 형태들을 절충한 건축 양식을 자유롭게 사용한다. 스털링의 탁월한 구성과 혁신적이면서도 풍부한 공간을 만들어내는 설계 방식은 복잡한 도시 환경 속에 품격 있는 현대적인 디자인을 선사한다.

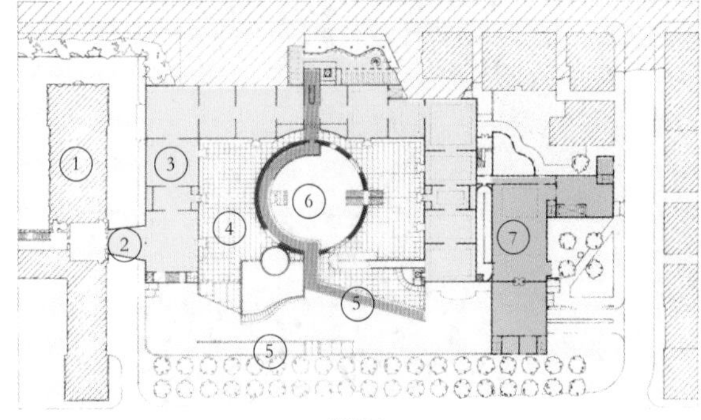

평면도

건물의 형태는 인접 건물 및 구 미술관과 연결되어 있다. ①구 미술관은 ②다리를 통해 연결되어 있고, 이 다리는 ③전시관들로 이어지면서, ④조각 테라스를 에워싸는 U자형 평면 구조를 형성한다. ⑤경사로는 방문객들이 거리에서 이 건물로 올라와서, ⑥중앙 로툰다를 관통하는 통로를 지나 부지 뒤쪽의 더 높은 거리까지 갈 수 있도록 연결되어 있다. ⑦별관에는 실험극장이 있다.

조각 테라스

공공 테라스는 미술관의 분리된 공간들을 이어주는 자유로운 형태의 요소들 주변에 있다. 이 조각 같은 오브제들의 콜라주는 U자형 미술관의 단순한 배경과 대조된다.

스털링은 미술관의 형태를 통해 20세기 후반 도시 건축의 근본적인 쟁점이 되었던 '전후 맥락과 도시 공간'의 문제를 표현하고 있다.

석재

기단 벽의 개구부에서 떨어져 나온 것처럼 보이는 석재들이 잔디밭 위에 흩어져 있다. 이 석재들은 건물에 사용된 몇 안되는 고형 블록이다. 파사드는 얇은 외장 합판으로 마감했다. 건물의 가장자리를 노출시켜 그 구조를 드러내는 것은 스털링의 재치있는 매너리즘을 보여준다.

아치형 창문

로마네스크 양식의 아치형 창문들과 이집트식 코니스는 다양한 건축 양식에서 수많은 모티프들을 차용했음을 보여주는 사례다.

논란이 된 공모전 설계안은 사람들의 심기를 불편하게 하는 파시즘적인 신고전주의 건축을 연상시켰기 때문에 너무 크고 위압적이라는 비난을 받았다. 그러나 완공된 건물의 형태와 디테일이 노련하면서도 재미있게 처리되어 엄청난 규모와 사람들의 빈정거림은 무마되었다.

중앙 중정

공공 통로에서 바라본 슈투트가르트 미술관의 중정은 미술관 공간들의 활기찬 중심 공간을 이룬다. 중정의 원통 형태는 고전주의 및 르네상스 건물에서 나타나는 돔으로 덮인 중심 공간(로툰다)을 떠올리게 한다. 비록 '허공에 부린 묘기'라고 비난받기도 했지만, 로툰다는 기억에 남는 독창적인 도시 공간이다. 그곳이 인기를 끄는 이유는 기념비적이면서도 민주적인 이미지 때문이다. 거기에는 독단적인 모더니즘이나 포스트모더니즘이 아니라, 보다 친숙한 매너리즘의 유머 감각이 깃들어 있다.

제임스 스털링 경

제임스 스털링 경(1926~1992)의 건축은 구조와 기술에 대한 그의 열정을 보여준다. 그는 모더니즘과 르네상스의 요소들을 탁월한 기량과 창작의지로 폭넓게 받아들였다. 그는 제임스 가원(1923~)과 공동으로 작업한 레스터 공과대학(1959~1963) 등의 초기 프로젝트로 명성을 얻었다. 케임브리지대학의 역사학부 건물(1964~1967)도 그의 작품이다. 1971년에 마이클 윌퍼드를 동업자로 맞아 계속 작업을 함께 했다.

난간

밝은 색으로 칠한 긴 튜브 형태의 철재 난간은 유난히 큰데, 이것은 경사로가 순환하는 동선 임을 강조하기 위해서다. 환기구를 막은 창살이나 입구의 캐노피와 같은 다른 요소들도 시각적으로 강조하기 위해 확대되어 있다.

에디쿨라

강철과 유리로 만들어진 에디쿨라는 거리에서 볼 때 건물의 중심선을 표시한다. 하지만 전통적인 고전 건축의 평면 구조와 달리, 방문객들은 중심에 있는 입구처럼 보이는 곳이 아니라, 2층 기단과 입구 로비로 이어지는 경사로로 방향을 돌려야 한다.

슈투트가르트 미술관 신관은 인근 건물들의 형태와 19세기 건축 양식을 띤 칼 프리드리히 싱켈의 알테스 무제움(64쪽 참고)과 같은 이전 시기의 미술관 양식에 기반을 두고 설계되었다.

• 위치	독일 슈투트가르트
• 건축 연도	1977~1984년
• 건축가	제임스 스털링 경
• 건물 구조	석조, 강철조, 철근조
• 층수	2층
• 건물 구분	미술관

"나는 이 거대한 건물이 구상성과 추상성을 모두 갖출 뿐 아니라, 후대에 남을만하면서도 평이하고, 전통적인 동시에 첨단기술을 갖추기를 바란다."

제임스 스털링 경

입구 로비

평면상 곡선 형태의 입구 로비는 르 코르뷔지에가 설계한 상당수의 모더니즘 건물에서 나타나는 피아노 모양의 곡선 형태와 비슷하다. 방문객들은 자유롭게 로비에 모여 전시동의 보조 순환로로 이동한다.

기단

1층 주차장을 가려주는 기단은 공공 공간을 정신없는 도로의 소음과 공해에서 벗어나 높은 곳에 있게 해준다.

홍콩 상하이 은행

제한된 대지 위에 4년 만에 지어진 이 건물은 규모와 복합적인 측면에서 경이로운 기술적 성취를 보여준다. 정치적으로 불안했던 시기에 의뢰를 받은 건물은 홍콩이 미래 금융 산업의 국제적 중심이 될 것이라는 자신감을 표현하는 상징물이다. 포스터 어소시에이츠의 초기 계획안는 '단계적 재건'이라는 개념에 바탕을 두고 있었다. 즉, 공사 단계를 자유롭게 조절하여, 현재 지어져 있는 층들을 마지막 공사 단계 전까지 사용할 수 있게 하는 것이다. 현재 있는 은행 위로 올리는 새 건물은 수직 분할로 지어질 계획이었다. 이러한 설계 개념은 세간의 이목을 끄는 개성적인 상부 구조를 탄생시켰다. 여러 층의 사무실 공간을 받쳐주는 수직의 기둥 탑들이 거대한 수평 트러스에 매달려 있다. 단계적 재건 계획은 지하층을 활용하기 위해 결국 단념할 수밖에 없었지만, 골조를 평면의 양끝에 두어 사무실 공간을 자유롭고 가변적으로 설계할 수 있었다. 나중에 건물의 유기적 구조를 해치지 않는 범위 안에서 건물을 개조할 수 있도록 미리 고려한다면, 이러한 가변성은 꼭 필요한 설계 철학이다.

주 트러스

8층 간격으로 있는 옷걸이형 트러스들은 십자형 버팀대들과 연결된다. 2층 높이의 트러스는 엘리베이터 로비와 식당과 같은 직원 전용 공간의 높이를 두 배로 확장시킨다. 엘리베이터 로비에서 사람들은 주요 로비 공간들을 연결하는 에스컬레이터로 갈아타고 각 층으로 간다. 이로써 건물 안에서 이동하는 것은 훨씬 원활해지고, 회사 동료들 사이의 친밀감이 높아진다.

노먼 포스터 경

노먼 포스터 경(1935~)은 기술과 새로운 재료를 결합시키고, 거기에 구조 공학의 질서를 더한다. 기술은 자유를 주는 하인으로, 급변하는 복잡한 사회에서 인간의 필요를 충족시키는 건축을 가능케 한다. 그는 사무용 건물, 공항, 미술관, 가구 등을 디자인했다. 그 중에 영국 입스위치에 있는 윌리스 파버 앤 뒤마 빌딩(1975)과 영국 노위치에 있는 세인즈버리 예술센터(1978)가 유명하다.

공사 기간 동안 현장의 공간을 절약하기 위해 적재 크레인은 철탑들 위로 올렸다. 강풍이 불어 현장 공사가 불가능할 때면, 크레인에 풍향계를 설치하여 충돌하지 않고 자유롭게 움직일 수 있도록 했다.

사무실 설계

각 층은 세 가지 원칙에 따라 설계되었다. 진입 지점과 통행 지점들을 감시하는 독립된 사무실을 사용할 것, 최대한 창문을 설치할 것, 공간의 가변성과 투명성을 유지할 것.

입구 및 엘리베이터 로비
설비 탑
철탑
아트리움
현수 구조물
사무실 구역
에스컬레이터

평면도

네 개의 기둥으로 이루어진 여덟 개의 구조용 탑이 건물의 동서 양끝에 네 개씩 두 줄로 배치되어 있다. 엘리베이터와 화장실이 있는 설비 탑들은 양끝에 모여 있고 수직으로 연결된다. 중국의 풍수 관행에 따라 대각선으로 배치된 에스컬레이터 덕분에 각각의 진입 층들과 은행 공간은 역동적인 기하학적 모습을 띤다.

유리판

유리 판은 유리 사이에 고운 망을 끼워 넣어 만들었다. 건물 둘레에 있는 사무실들이 직사광선을 받아 과열되지 않도록 유리판에는 차양이 달려 있다.

중앙의 현수 구조물

중앙에 있는 현수 구조물이 각 층을 옷걸이형 트러스에 연결한다.

대나무 장대들을 나일론 끈으로 묶은 전통적인 방식의 비계가 공사에 사용되었다. 그렇게 만든 비계는 경제적이면서도 가볍고 가변적인 임시 구조물이었다.

옷걸이형 트러스

8층 간격으로 수평 형태의 트러스들이 낮은 층에 걸려 있다. 트러스는 수직의 내력 기둥에 연결되어 하중을 바닥으로 전한다. 2층 높이의 트러스가 파사드에 리듬감을 준다.

엘리베이터와 설비 탑

화장실과 냉난방 장치가 들어 있는 설비 탑들과 엘리베이터는 평면 구조의 양끝에, 주요 골조 주위에 모여 있다. 미리 제작된 부품들을 완전히 조립한 단위 상태로 제자리에서 들어올려, 현장 공간이 절약되고 공사가 수월해졌다.

철탑

네 개의 원주로 이루어진 철탑들은 토대에서 솟아올라 수직 하중을 받친다. 관형 강철들을 조립해 만든 철탑들은 부식과 화재를 막기 위해 콘크리트, 포일, 알루미늄 판 등을 덧씌웠다.

선 스쿠프

건물의 남쪽 측면에 아트리움의 상층 밖으로 노출되어 있는 선 스쿠프는 해의 움직임을 따라간다. 스쿠프는 연이어져 있는 거울을 이용해 빛을 중앙 아트리움 안으로 반사시켜 낮은 층에 있는 은행 공간과 광장을 비춘다.

냉난방

만에서 지하 터널로 공급되는 바닷물이 시스템을 식혀주기 때문에 냉난방 장치 구역은 크게 줄어든다. 지하 냉각 설비에 초당 1,250리터의 속도로 바닷물이 공급된다.

철탑들은 지하 4층 밑의 기반암을 파서 타설한 네 개의 콘크리트 말뚝이 지지하고 있다.

- **위치** 홍콩
- **건축 연도** 1981~1985년
- **건축가** 노먼 포스터 경
- **높이** 179m
- **건물 구조** 강철조
- **건물 구분** 사무실
- **공사 기간** 4년

아트리움

내부에 갖는 12층 높이의 아트리움은 건물의 중심부로, 반사되는 햇빛과 끝에 있는 유리벽을 통해 빛을 받는다. 선 스쿠프에서 반사된 햇빛이 천장 반사면에 반사되어, 아트리움과 공공 광장 안에는 시시각각 변화하는 빛이 바다를 이루고 있다. 건물 내부의 활기차고 극적인 중심인 아트리움은 사무실 공간이 안쪽으로 더 깊숙이 설계 되도록 하며, 직원들과 손님들 간의 유대감을 높여준다.

슐룸베르거 케임브리지 연구소

슐룸베르거 케임브리지 연구소는 케임브리지의 단조로운 풍경에 독특한 실루엣을 만들어낸다. 연구 및 개발 시설로 설계된 이 건축물의 형태는 순회 곡예단의 천막을 보는 듯한 흥분을 불러일으키며, 저 멀리 교회 첨탑들이 보이는 전원적인 배경과 조화를 이룬다. 석유 탐사와 관련된 제반 연구 시설에 필요한 서로 상충되는 다양한 측면들의 공간적 요구를 잘 융합시켜 디자인 했다. 천막 구조 밑으로 널찍한 실험 구역과 직원 식당이 있으며, 단층의 사무실 건물을 따라 칸막이로 나눠진 작업실과 실험실이 있다. 1992년에 증축된 한 쌍의 건물 안에는 추가로 지어진 실험실과 회의실들이 있다. 돛대와 천막 모양의 구조물은 특히 밤에 조명을 밝히면 위풍당당한 장관을 이루며, 산업용 건물에 극적인 이미지를 더해준다.

• 위치	영국 케임브리지
• 건축연도	1기 : 1982~1985년 2기 : 1990~1992년
• 건축가	마이클 홉킨스 앤 파트너스
• 건물 구조	외골격식 강철 골조, 인장 구조
• 건물 구분	연구센터

천 덮개

테플론을 입힌 가벼운 반투명의 덮개가 실험 구역을 에워싼다. 당겨진 천이 받는 인장력은 천막이 바람에 펄럭이는 것을 막아준다. 건물을 위아래로 모두 눌러주어, 구조물이 위로 들리지 않도록 막는다.

직물

유리섬유로 짠 이 직물은 가는 실들을 잘라 열용접으로 이은 패턴을 지니고 있다.

외골격식 골조

건물 외피의 바깥쪽에 설치된 골조가 건물을 받치고 있다. 화재 위험이 있는 내부 강철 구조물에 필요한 추가 방화 처리는 되어 있지 않다.

작업 구역

작업 공간은 유리와 강철 골조로 만들어진 단층 건물 두 채 안에 있다. 개인이 사용하는 작업실들은 바깥쪽으로, 회의실과 실험실은 중정을 향해 있다.

2기에 지어진 외벽

1층의 유리벽에는 앞으로 튀어나온 콘크리트 상판이 위에 달려 있다. 이것은 미리 틀에 맞추어 주조한 철분 시멘트를 골조로 하고, 여기에 현장 타설한 콘크리트 상판을 결합하여 지어졌다. 매우 조각 같은 상판의 윤곽은 강도가 높으면서도 가벼운 구조물을 만들어낸다. 이러한 높은 수준의 마감을 유지하는 데 드는 비용은 노출 상태로 내버려둔 천장과 더 가벼운 기초에서 절약된 돈으로 상쇄된다. 장식된 밑면은 기둥과 우아하고 세밀하게 접합하는 것뿐 아니라 조명을 고려한 것이다.

단계적 증축

프로젝트는 단계적으로 증축되었다. 2기에는 중심축을 따라 한 쌍의 부속 건물이 지어졌다. 컴퓨터 연구 기술이 발전하면서 실험 장비 의존도가 줄어들었고, 새로운 블록들에 추가로 지은 컴퓨터 실험실들은 중앙의 아트리움과 접수처를 통해 연결되어 있다. 중앙 홀의 지붕 역시 천막 구조물이지만, 여기서는 공기를 넣어 부풀린 세 겹의 독립적인 완충물로 이루어져 있다.

2기 건물

인장 구조

관 모양의 강철로 만들어진 기둥에 거미집처럼 매달려 있는 강철 케이블들이 캐노피를 지탱한다. 철제 케이블과 천에는 인장력이, 기둥에는 압축력이 가해지는 효율적인 구조 체계로, 땅에 고정된 철제 케이블이 하중을 상쇄한다.

배수

천막에 내린 비는 단층 베이들의 평평한 지붕으로 배출되고, 다시 숨겨진 배수관을 통해 배출된다.

고정 장치

전통적인 천막 구조물과 첨단 경주용 요트의 돛에서 영감을 받아 설계된 고정 장치들은 뚜렷하고 깔끔하다.

마이클 홉킨스 앤 파트너스

마이클 홉킨스 경(1935~)은 1976년에 아내 홉킨스 부인(왼쪽)과 동업 관계를 맺고, 1968~1976년 동안 노먼 포스터와 함께 작업하면서 세웠던 원칙을 고수했다. 명료한 설계와 맞춤형 신구 재료의 사용에 주변 맥락에 대한 감성을 결합한 그들의 공동 작업은 많은 사람들에게 갈채를 받았다.

단열 지붕

단층 베이들의 평평한 단열 지붕은 이중유리를 끼운 이동식 벽판들로 이루어진 파사드의 광대한 유리 앞면을 통해 잃어버린 열을 상쇄한다. 전기로 작동되는 블라인드들이 눈부심 현상과 열을 경감시켜준다.

윈터가든과 식당

식당과 정원은 직물로 만들어진 인장 구조물 아래 있다. 실험 구역은 합판 유리벽에 의해 정원 및 식당과 분리되며 연구실을 감시하는 동시에, 연구 활동과 직접적으로 연결된 친목 공간을 제공한다.

아크

높은 간선도로와 철도 선로에 둘러싸여 있는 랠프 어스킨의 아크는 조밀한 도시 환경 속에서 강렬한 물리적 존재감을 드러내고 있다. 외부의 견고한 외피는 건물의 중심을 중앙의 거대한 아트리움으로 모으고, 소음과 공해로부터 아트리움을 보호한다. 이로써 이론적인 설계에 따라 지어진 이 사무용 건물의 중심에는 사회성이 짙은 사교적인 공간이 형성된다. 조약돌 모양의 유기적인 공간은 중간층 사무실들의 임대 공간을 넓히는 한편, 섬처럼 고립된 진입층의 대지에 햇빛이 들어오도록 한다. 어스킨이 스웨덴에서 활동하며 체험한 황량한 겨울 날씨와 사회 주택이 우호적인 업무 환경의 설계에 녹아 있다. 아트리움은 공간들을 서로 연결하며, 의견 교환과 사회적 상호작용의 기회가 많아지도록 한다. 도시 개발자와 고문 건축가들이 상상력 넘치는 협력 작업으로 이루어낸 이 프로젝트는 매력 없는 도시 환경에 세련된 모습의 현대적인 일터를 선보인다.

전망탑
유리로 둘러싸인 격식 없는 회의실에서 전망을 감상하기 위한 스노클 모양의 조망탑과 같이 기발한 요소들이 건물의 외피 여기저기에 있다.

지붕 조명
유리에 뚫린 가느다란 홈을 통해 아트리움에 햇빛이 들어간다. 화재가 발생하면 환기구와 덕트가 자동으로 열려 연기를 밖으로 배출시키고, 사무실 층들이 아트리움 쪽으로 바로 통할 수 있게 한다.

환기
전산 제어 장치가 서비스 덕트를 통해 공기 공급을 조절하며, 아트리움을 통한 자연 환기를 우선시하며 기계적인 공기 추출은 최소화한다.

현대 건축물의 외관과 형태는 재료의 선택과 환경 제어 방식에 점점 더 큰 영향을 받고 있으며, 제조와 유지에 드는 에너지의 소비를 줄여 나가고 있다. 현재 서유럽에서 생산되는 총 에너지의 반 정도가 건물에 공급되고 있다.

구부러진 유리
건물의 구부러진 표면이 의도하지 않게 반사벽 역할을 하면서, 교통 소음을 주변 거리들로 되돌려 보낸다. 그래서 주변에 피해를 준다는 비난을 받기도 했다.

삼중 유리판
도로를 소리 없는 광경으로 만들어버리는 삼중 유리판은 주변의 공해와 소음을 차단하는 데 효과적인 가림벽이 된다.

아트리움
아트리움을 통해 햇빛이나 신선한 공기가 사무실 공간으로 유입된다. 바닥판을 잘라내고 만든 아트리움은 층 간 혹은 층을 넘어 직접 바라볼 수 있게 하고 공간적 다양성을 제공한다.

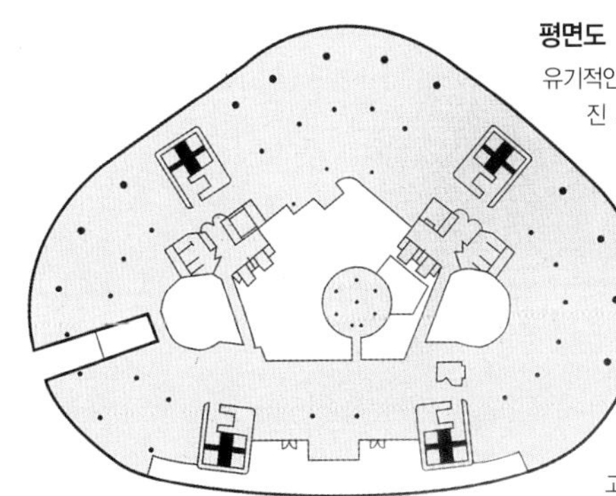

평면도

유기적인 형태의 평면은 칸막이로 나눠진 개인 사무실과 개방적인 평면이 혼재하는 매우 가변적인 평면으로 디자인 되어야 한다는 상업적인 조건과, 까다로운 대지 상황에 부합해야 한다는 두 가지 조건을 모두 충족시키고 있다. 이러한 평면은 건물을 사용하게 될 다양한 사람들의 요구에 맞는 구획의 정도를 미리 고려한 설계의 결과다.

랠프 어스킨

랠프 어스킨(1914~2005)은 런던에서 공부했고 1939년부터는 스웨덴에서 살았다. 그는 기후 조건과 사회적 관계를 고려해 설계했다. 영국 뉴캐슬어폰타인의 바이커에 있는 거대한 주거 단지(1969~1980)는 보호와 양육을 위한 형태로 지어졌는데, 사회적으로 상호관계를 맺을 수 있는 안락한 공간을 만들어준다. 이러한 원칙은 아크의 상업적 배경에도 적용되었다.

돌출된 처마

돌출된 처마는 테라스에 휴식 공간을 만들어준다. 교통 소음이 차단되어 있어, 건물의 형태나 방향, 위치는 황폐한 조건 속에서도 곧바로 환경을 개선할 수 있는 특별한 자체적인 기후조건을 만들어낸다.

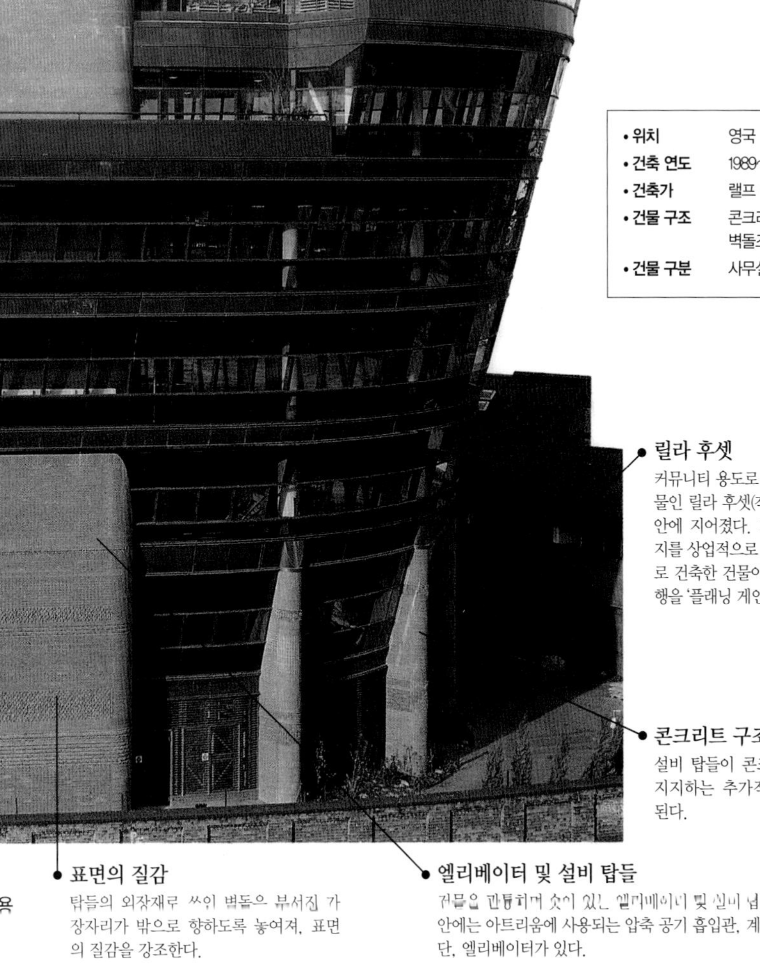

특히 까다로운 교통망 주변에 조각난 채 남아 있는 자투리 땅들은 미래 도시 개발에서 중요한 틈새다. 상업적으로는 탐탁지 않지만, 이런 자투리 공간들을 이용해 도시의 거리와 공원에 속한 공간들의 공공성을 이어받으면서도, 도시 주변의 압박감을 줄이고 도시 팽창을 저지하는 공간을 만들고자 한다면 무엇보다 창조적인 생각이 중요하다.

구리 지붕

상판들의 끝을 가려주는 구리 지붕과 벽판들은 비와 공해에 노출되어, 결국 풍화 현상이 나타날 것이다.

• 위치	영국 런던
• 건축 연도	1989~1992년
• 건축가	랠프 어스킨
• 건물 구조	콘크리트 골조, 벽돌조
• 건물 구분	사무실

릴라 후셋

커뮤니티 용도로 지어진 2층 건물인 릴라 후셋(작은 집)은 대지 안에 지어졌다. 개발업자가 대지를 상업적으로 이용하는 대가로 건축한 건물이다. 이러한 관행을 '플래닝 게인'이라고 한다.

콘크리트 구조

설비 탑들이 콘크리트 골조를 지지하는 추가적인 버팀대가 된다.

대부분의 신축 건물들은 과거에 건물이 냉각, 환기되는 동안 방출되었던 막대한 양의 잠재적인 에너지를 자연적으로 재생, 활용, 저장하고 있다. 다양한 기계적 • 자연적 방식을 도입하여 건물의 에너지 자급자족 수준을 개선하고자 노력한다.

표면의 질감

탑들의 외장재로 쓰인 벽돌은 부서진 가장자리가 밖으로 향하도록 놓여져, 표면의 질감을 강조한다.

엘리베이터 및 설비 탑들

건물을 관통하며 솟아 있는 엘리베이터 및 설비 탑 안에는 아트리움에 사용되는 압축 공기 흡입관, 계단, 엘리베이터가 있다.

간사이 국제공항 터미널

간사이 국제공항 터미널은 일본 오사카만의 인공섬 위로 착륙하려는 순간 공중에 정지한 글라이더처럼 보인다. 1.7km의 길이를 따라 완만하게 구부러진 형태의 터미널은 중국의 만리장성과 함께 우주에서 식별 가능한 두 가지 인공 구조물 중 하나다. 이 국제공항의 건설 계획을 실행에 옮기기 위해서는 세 개의 산을 밀어 광대한 부지를 마련하고, 5km 길이의 수송 다리를 세우고, 예측대로 지반이 11m 강하하더라도 수평면을 유지할 수 있도록 시공해야 했다. 현대 공항에서 벌어지는 복잡한 활동을 명쾌하게 해결하고 있는 디자인은 뚜렷한 목적과 조화로운 감각을 통해서 구조와 기능, 환경을 통합하고 있다. 기술적인 성공을 감동적으로 표현하고 있는 극적인 모습의 이 건물은 20세기의 가장 인상적인 건축 프로젝트 중 하나다.

근해 섬

해안에서 5km 떨어진 태풍 지대에 공항을 짓는 데 많은 비용이 들고 시공상 어려움이 있다는 단점보다는 확장과 소음 문제가 해결되고 24시간 내내 사용할 수 있는 장소의 이점이 더 크다.

기둥

계속되는 대지의 지반침하를 보완하기 위해서 900개의 지지 기둥들은 컴퓨터 제어식 수압잭으로 끊임없이 조정된다.

렌조 피아노

렌조 피아노(1937~)는 건축, 공학, 도시계획 등의 작업을 통해 개념적이고 기술적인 창조력을 끊임없이 발휘했다. 그는 공학자인 피터 라이스와 오랫동안 공동으로 작업하면서, 신기술, 새로운 설계 방식, 컴퓨터 이용 설계를 끊임없이 연구하였고, 퐁피두센터(96쪽 참고)에서 미숙했던 첨단기술 양식을 원숙하게 발전시켰다.

• **위치**	일본 오사카만
• **건축 연도**	1991~1994년
• **건축가**	렌조 피아노
• **건물 구조**	강철 골조
• **건물 구분**	공항
• **공사 기간**	3년 2개월

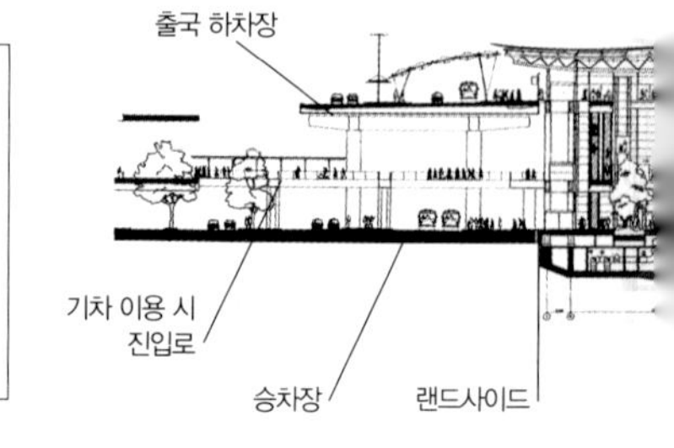

낮은 지붕 윤곽

터미널의 랜드사이드에 있는 관제탑에서 비행기의 뒷부분이 보이도록 지붕은 낮게 지어져 있다.

지붕의 형태

지붕의 강렬한 형태는 비행기 승객과 기차 승객 모두 만족할 수 있는 디자인을 위해 통제된 조직화된 설계다.

평면

직선 형태의 평면은 활주로와 유도로를 효율적으로 배치하여 인공 섬을 경제적으로 사용한다.

도넛 형태

자전거의 타이어 조각처럼 생긴 도넛 형태의 지붕은 단면과 1.7km의 길이 모두 곡선형으로 구부러져 있다. 300m 길이의 중앙 터미널은 관형 강철로 만들어진 트러스 위에 82m 스팬으로 걸쳐 있다. 길이는 다르지만 곡률은 같은 강철 리브들이, 대칭적인 날개들로 이루어진 비행 라운지를 받치고 있다.

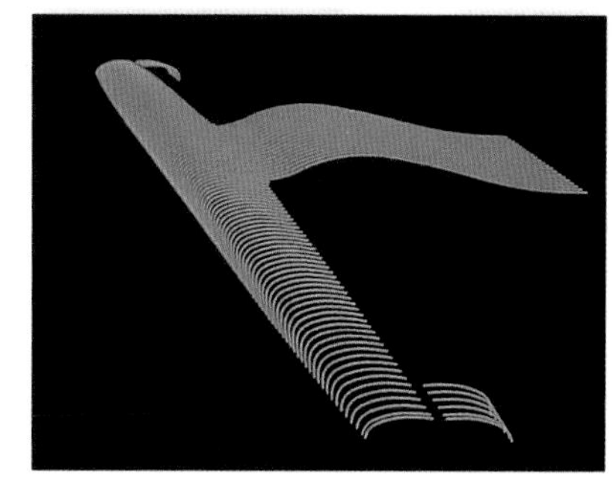

역동적인 형태

건물의 형태는 대칭적이고 지향적이다. 비행기 몸체와 날개 모양으로 역동적인 비행을 표현하는 것처럼 우아하면서도 알기 쉽게 설계되어 승객들의 이동 방향을 명료하게 알려준다.

배수

빗물은 각 지붕판의 가장자리에서 그 밑에 있는 방수층으로 배출된다. 이는 표면의 먼지와 얼룩을 없애주며, 지붕의 열 반사력과 외관을 유지시켜준다.

팽창 이음

건물의 구조물과 외피 사이에, 지진과 열운동에 내성이 있는 팽창 이음이 일정한 간격으로 배치되어 있다.

곡률

지붕의 완만한 곡률 덕분에 9만 개의 스테인리스 강철판들은 모두 똑같은 크기가 되고, 모든 이음과 부품들도 단일화되었다.

투명성

넓은 유리 공간으로 건물이 투명해져서 승객들은 건물 안에서도 쉽게 목적지를 찾을 수 있다.

터미널을 지을 때 4천~1만 명으로 구성된 두 조가, 한 조는 북쪽에서 한 조는 남쪽에서 공사를 시작해 중간에서 만났다. 공사는 3년 2개월 만에 끝났다.

단면도

중앙 터미널은 계단식 구조로 되어 있기 때문에 승객들은 국제선과 국내선을 신속하게 환승할 수 있다. 대부분의 승객들은 터미널의 랜드사이드에 정차하는 본토와 연결된 기차를 타고 공항을 출입한다.

굽은 지붕

기이한 형태로 솟아오르는 지붕의 곡선과 리듬감 있는 구조는 긴 비행 라운지에서 느껴지는 시각적인 피로를 덜어준다. 지붕의 곡선은 높이 달려 있는 큰 환기구를 통해 터미널로 유입되는 신선한 공기의 순환을 돕기 위해 공기역학적으로 설계되었다.

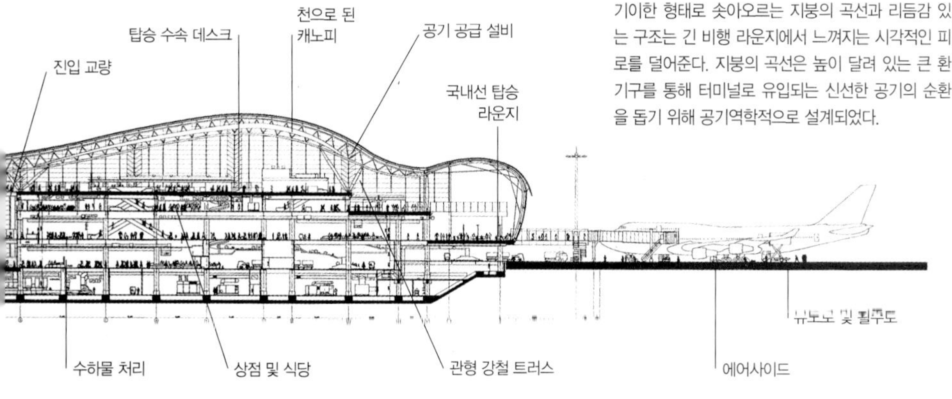

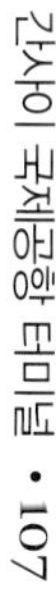

용어 해설

궁현 트러스 Bow-string truss
저인장(低引張) 현재(弦材)와 중간에 있는 수직 혹은 대각선 압축 지주를 사용해 대들보의 내력을 키워주는 수평 활시위 모양의 혼합식 구조 장치.

기둥-상인방 구조 Trabeated
기둥과 들보로 이루어진 구조로 단순한 받침대로 쓰인다.

꼭대기 장식 Finial
첨탑이나 지붕 뾰족탑 위에 얹어진 장식.

나오스 Naos
그리스 신전의 주요 방 또는 비잔틴 교회의 중심부.

네이브 Nave
중앙 교차부의 서쪽에 있는 교회 중앙의 회중석. 보통 양쪽에 아일이 있다.

다주실 Hypostyle
여러 개의 기둥들이 촘촘한 간격으로 지붕을 받치고 있는 홀.

당초 무늬 장식 Croket
고딕 건물의 탑들과 흉벽들을 장식하는 튀어나온 리브들에 새겨진 모티프 또는 나뭇잎 도안.

데 스타일 De Stijl
1917년 네덜란드 위트레흐트에서 건축가와 예술가들이 결성한, 작지만 영향력 있는 모임. 그들은 평면 기하학이나 원색의 폭넓은 사용과 비구상적 형태를 이용한 전위적인 표현 방식을 통해 사회의 근본적인 재생을 이루고자 했다.

덴틸 Dentil
고전적 엔타블러처의 코니스에서 튀어나온 작은 사각형 석재로, 리듬감 있는 정면부를 만들어낸다.

라틴식 십자가 Latin cross
세로대의 밑쪽이 긴 십자가. 로마 바실리카식 교회의 평면도에서 발전된 라틴식 십자형 평면 구조는 측면 트랜셉트를 갖추고 그리스도교 교회의 특징적인 평면도가 되었다.

레온 바티스타 알베르티
Leon Batista Alberti, 1404~1472
예술과 과학의 많은 분야에서 업적을 남긴 건축가, 예술가, 이론가, 수학가로, 르네상스의 특징인 폭넓은 관심사의 표본을 보여주는 인물이다. 비례, 양식, 조화를 다룬 르네상스 최초의 체계적 이론서인 《건축론》의 저자로 특히 유명하다. 그는 건축의 아름다움을 "더하거나 빼거나 바꾸면 전체에 해가 되는 부분들의 조화와 화합"으로 정의했다.

로마네스크 양식 Romanesque
9~12세기 동안 서유럽을 지배한 건축 양식. 아케이드가 있고 반원통 볼트에 덮인 단순한 구조와 반원형 아치의 사용이 특징이다.

르네상스 Renaissance
재생을 뜻하는 이탈리아어에서 유래된 말로, 15세기 이탈리아에서 시작된 예술운동을 가리킨다. 그 영향력은 유럽 전역으로 뻗어나갔으며, 고전건축에 대한 관심의 부활로 시작되어, 고전적 표현 양식을 수많은 국가적 양식으로 확장시켜 나갔다. 16세기 중반에 그 뒤를 이은 바로크 시대는 이후 유럽 전역에서 계속 발전해 나갔다.

리브 Rib
천장이나 볼트에 튀어나온 테로, 종종 주요 골조를 이룬다.

매너리즘 Mannerism
16세기 이탈리아 건축의 양식적 경향으로, 고전적 관습인 오더와 비례에서 벗어나 건축 형식을 뒤엎고 조종함으로써 가장된 효과를 냈다.

메토페 Metope
도리스식 프리즈의 한 부분으로, 트리글리프들 사이에 생기는 정사각형의 공간. 무늬 없이 두거나 장식을 새긴다.

무카르나스 Muqarnas
정교하게 주조된 브래킷을 사용해 독특한 거미집이나 종유석 형태의 아치-볼트 구조물을 만드는 이슬람 장식과 건축의 정수.

바로크 양식 Baroque
17~18세기 초반에 유럽 전역을 지배한 건축 형태. 이탈리아 르네상스의 고전적 경향의 양식에서 독특한 국가적 성격으로 발전되었다. 대담하고, 기념비적이고, 장식적이며, 공간적으로 복잡하다.

바우하우스 Bauhaus
1906년에 독일 바이마르에 설립된 미술·공예·건축·산업 디자인 학교. 1916년부터는 건축가 발터 그로피우스(1883~1969)의 주도 아래, 유럽의 전위적인 경향들, 특히 데 스타일과 러시아 구성주의를 흡수했다. 건축가, 미술가, 디자이너들이 참여한 학교의 수업은 근대 건축의 발전에 근본적인 영향을 미쳤고, 1933년에 게슈타포에 의해 폐교된 후 그 가르침은 세계 전역으로 퍼졌다.

벽주 Engaged column
기둥 몸체가 벽이나 벽기둥에 붙거나 파고 들어간 기둥.

복합 기둥 Compound column
붙거나 세밀하게 장식된 여러 개의 기둥 몸체들로 이루어진 받침 기둥. 기둥의 시각적 부피를 줄이고, 내력이 교차하는 접합부를 넓게 유지한다.

볼트 Vault
건물을 둥글게 덮는 석조나 벽돌조의 아치형 구조물. 반원통 볼트, 교차 볼트, 부채꼴 볼트, 펜던트 볼트, 리브 볼트 등이 있다.

브래킷 Bracket
들보 같은 다른 구조 부재들을 받쳐주거나, 단순한 볼트나 돔을 만들기 위한 돌출한 석조 세공에 사용되는 튀어나온 석재. 대개 조각이나 소조로 장식된다.

비트루비우스
Vitruvius, BC 46~30 활동
율리우스 카이사르 밑에서 일한 비교적 덜 알려진 로마 건축가. 고대에서 유일하게 전해 내려오는 건축서인 《건축십서》의 저자이다. 열 권의 책은 다소 모호하게 씌어졌지만, 르네상스 건축가들에게 중요한 참고서가 되었다.

상인방 Lintel
기둥 사이나 벽의 개구부에 걸쳐진 수평형의 받침 들보.

성단소 Chancel
네이브 동쪽 끝에 있는 성직자와 성가대를 위한 구역. 칸막이로 네이브와 분리되면, 성가대석이라고도 불린다.

세바스티아노 세를리오
Sebastiano Serlio, 1475~1554
1537년과 1551년 사이에 6부로 출판된 《건축서》의 저자. 건축의 고전 양식에 대한 실제적인 설명서로서, 유럽 전역에 르네상스를 보급시키는 데 일조했다.

센터링 Centering
아치, 볼트, 돔을 지을 때 버팀대로 사용하기 위해 주로 목재로 만드는 임시 골조.

판테온의 엔타블러처
10쪽

판테온의 하중을 떠받치는 아치
14쪽

킹스칼리지 예배당의 모서리 탑들
40쪽

스토아 Stoa
그리스 건축에서 볼 수 있는 독립적인 열주랑.

아일 Aisle
네이브와 나란히 이어지는 교회의 아래 부분. 원주들이나 칸막이 벽으로 네이브와 분리된다.

아치 이맛돌 Keystone
아치 꼭대기의 중앙에 있는 마감 돌로, 석재 조각으로 만들어진다.

아트리움 Atrium
건물 중앙에 있는 안뜰로, 연속적인 층들을 뚫고 솟아오른다. 중앙 홀이 있는 로마의 주택에서 유래되었지만, 현대적 용도의 아트리움은 보통 지붕에 덮여 건물에 햇빛과 시각적 접촉을 제공한다.

앙필라드 Enfilade
일렬로 이어진 방을 따라서 문들을 일직선으로 정렬하는 방식. 문이 열렸을 때 연속적인 풍경으로 보이도록 하기 위해 종종 문을 일렬로 배치했다.

앱스 Apse
교회의 동쪽 끝에서 성단소를 경계 짓는 곳으로, 널찍한 반원형 또는 다각형으로 깊숙이 들어가 있다.

에디쿨라 Aedicula
두 개의 원주와 페디먼트가 이루는 사당. 출입구나 창문 개구부의 틀을 잡아주는 신고전주의 장치.

엑소노메트릭 Axonometric
45도 각도로 회전된 평면을 수직으로 투영해서 그린 3차원 그림.

엔타블러처 Entablature
열주랑이 받치는 건축 오더의 윗부분.

오더 Order
규정된 비례와 장식적인 양식화에 따라 건축 형태를 구성하는 기부, 몸체, 주두, 엔타블러처를 설명하는 고전주의 건축 용어. 도리스식, 토스카나식, 이오니아식, 코린트식, 콤포지트식이 있다.

오쿨루스 Oculus
원형 창문.

6주식 Hexastyle
전면에 여섯 개의 기둥이 받치고 있는 고전적인 열주 현관.

주두 Capital
기둥 몸체의 꼭대기에 있는 받침으로, 엔타블러처에서 전해지는 하중을 기둥 자체로 퍼뜨린다. 양식화된 장식으로 꾸며지며, 건축 오더의 종류를 구분할 때 종종 쓰인다.

지구라트 Ziggurat
위로 올라갈수록 점점 줄어드는 형태의 탑 구조물로, 계단이나 경사로로 올라간다.

채광층 Clerestory
지붕 위에 창이 있는 건물의 상부. 특히 교회에서 많이 볼 수 있으며, 네이브와 아일에 빛을 들여보낸다.

치장 벽토 Stucco
돌을 모방하는 데 사용되는 회반죽 세공. 조각이나 정교한 소조로 장식된다.

커튼월 Curtain wall
주 골조에서 떨어져 하중을 받지 않는 가벼운 외벽. 고층 건물에 꼭 필요한 요소이자 근대건축에 흔히 쓰이는 장치로서, 입면 구성을 자유롭게 하고 건물 정면에 끼울 수 있는 유리의 면적을 넓혀준다.

키오스크 Kiosk
주로 기둥들이 받치고 있는 가볍고 개방된 구조의 파빌리온 또는 정자.

탑문 Pylon
이집트 신전 입구에 있는 구조물. 벽이 기울어진 육중한 직선 탑들로 이루어진다.

트랜셉트 Transept
교회의 주 네이브나 성단소를 연결하여 특징적인 십자형 평면을 구성하는 횡단 익부.

트리글리프 Triglyph
두 개의 직선 홈이 새겨진 돌출된 석재. 고전 건물들의 프리즈에 리듬감 있는 장식이 된다.

팀파눔 Tympanum
상인방과 그 위에 있는 떠받치는 아치 사이에 있는 넓은 벽. 페디먼트 형태에 둘러싸인 삼각 공간을 가리키기도 한다.

파빌리온 Pavillion
조경된 배경 속에 지어진 장식용 건물. 또는 더 큰 건물, 날개 부분, 정면에 독립적으로 표현된 부분.

팔라디오주의 Palladianism
18세기 동안 영국에서 인기를 끌었던 건축 양식. 안드레아 팔라디오(1508~1580)의 건축과 저서에서 비롯되었다. 18세기 중반에 미국으로 전파되어 대저택과 공공 건물에 사용되었다.

페디먼트 Pediment
엔타블러처 위에 있는 삼각형 벽으로, 포티코나 박공벽 위에 놓여 있다.

페리스타일 Peristyle
신전이나 중정을 둘러싸며 줄지어 있는 열주랑.

펜던티브 Pendentive
받침 구조물의 모서리들과 돔의 기부 사이에 형성되는 굽어진 삼각 표면.

플라잉 버트레스 Flying-buttress
벽에서 떨어져서, 응력의 중심점에 있는 아치를 통해 벽을 지탱하는 버트레스.

피아노 노빌레 Piano nobile
건물의 주 생활 공간이 있는 층으로 지면에서 위로 올려진다.

픽처레스크 양식 Picturesque style
18세기 후반의 회화 및 건축 취향을 보여주는 양식으로, 조경된 배경 속에 건물을 묘사한다.

합리주의 Rationalism
역사주의적이고 형식적인 설계 전통에 저항하여, 합리적이고 이성적인 설계를 추구한 건축 운동. 주로 구조 체계와 건축 재료의 독특한 표현을 통해 실현된다. 이 운동은 18세기의 프랑스 계몽주의 건축을 통해 등장했고, 프랑스의 건축가 겸 비평가인 비올레 르 뒤크는 합리주의를 고딕 건축의 내재적인 가치로 여기고 옹호했다. 합리주의는 독일 바우하우스의 가르침으로 20세기 동안 발전했으며, 미스 반 데어 로에(1886~1969) 같은 건축가들이 그것을 모더니즘의 중심 원칙으로 삼았다.

홈파기 Fluting
고전주의 양식들의 특징으로, 기둥 몸체에 오목한 홈을 파는 것이다. 독특한 음영 선을 만들어 수직적인 형태와 입체감을 강조한다.

흉벽 Parapet
지붕을 가리거나, 다리나 부두의 가장자리를 보호하는 낮은 벽. 지붕 난간.

흙점 Geomancy
건축의 신성한 기하학. 길조가 되는 성운, 해나 달의 정렬, 혹은 멀거나 가까운 부지의 축 정렬에서 유래되었다.

타지마할의 섬세한 장식
54쪽

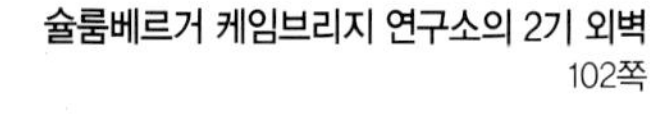
슐룸베르거 케임브리지 연구소의 2기 외벽
102쪽

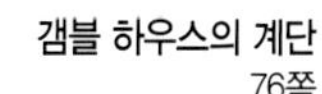
갬블 하우스의 계단
76쪽

찾아보기

사진 목록

Areofilms 60쪽 오른쪽 위
AKG/Eric Lessing 64~65쪽, 65쪽 왼쪽 위
Anna Gallery, Glasgow 75쪽 중앙 아래
Arcaid 뒷표지 오른쪽 위 중앙, 뒷표지 오른쪽 아래, 뒷표지 중앙 아래, 4쪽 왼쪽 위, 4쪽 중앙, 10쪽 왼쪽 중앙, 37쪽 왼쪽 아래, 46~47쪽, 48쪽 오른쪽 위. / **Richard Bryant** 50~51쪽, 51쪽 오른쪽 위. / **William Tingey** 53쪽 오른쪽 위 / **Clay Perry** 60~61쪽, 66쪽 오른쪽 위, 72쪽 왼쪽 아래, 74쪽 왼쪽 위, 75쪽 중앙 아래, 75쪽 오른쪽 아래, 78~79쪽, 79쪽 왼쪽 위, 79쪽 오른쪽 위 / **Richard Bryant** 80~81쪽, 80쪽 왼쪽 중앙, 84~85쪽, 86~87쪽 / **William Tingey** 94쪽 왼쪽 위, 95쪽 오른쪽 중앙 / **Richard Bryant** 98~99쪽, 98쪽 왼쪽 아래, 100쪽 왼쪽 위, 101쪽 왼쪽 아래, 102~103쪽 아래, 104~105쪽, 104쪽 왼쪽 아래, 106~107쪽, 108쪽 왼쪽 아래
Archigram Archive / Ron Herron 96쪽 오른쪽 위
Axim / Jim Holmes 14쪽 오른쪽 위, 16쪽 왼쪽 중앙, 17쪽 오른쪽 위, 17쪽 오른쪽 중앙, 29쪽 왼쪽 위, 34~35쪽, 45쪽 오른쪽 위, 52쪽 왼쪽 중앙
Bridgeman Art Library 9쪽 왼쪽 위, 13쪽 중앙 위, 13쪽 오른쪽 중앙, 27쪽 왼쪽 위, 31쪽 오른쪽 위, 33쪽 왼쪽 위, 46쪽 오른쪽 위, 55쪽 중앙 위, 59쪽 오른쪽 아래, 68쪽 오른쪽 위, 69쪽 위
The British Architectural Library, RIBA, London 69쪽 오른쪽 중앙
British Museum 11쪽 왼쪽 위
Camera Press 72쪽 왼쪽 아래, 91쪽 왼쪽 위, 96쪽 오른쪽 아래(그림 모두), 105쪽 오른쪽 위
Centraak Museum, Utrecht / Rietveld Schöder Archives 뒷표지 왼쪽 위, 82~83쪽 / © **Beeldrecht** 82쪽 왼쪽 아래, 82쪽 오른쪽 위, 83쪽 왼쪽 위, 83쪽 오른쪽 위
Corbis 79쪽 오른쪽 중앙, 86쪽 오른쪽 위, 86쪽 오른쪽 아래
Joe Cornish 뒷표지 오른쪽 위, 48~49쪽
James Davis Travel Photography 13쪽 왼쪽 위, 15쪽 오른쪽 아래, 28~29쪽, 39쪽 오른쪽 위, 44쪽 왼쪽 중앙, 72~73쪽
Design Press / Lars Hallen 88~89쪽, 88쪽 오른쪽 위, 89쪽 왼쪽 위, 89쪽 오른쪽 위
Estro Photographics 76~77쪽, 77쪽 왼쪽 위, 77쪽 오른쪽 위 / **Scott Francis** 90~91쪽, 90쪽 왼쪽 아래, 91쪽 오른쪽 위, 109쪽 중앙 아래
e.t. archive 10쪽 오른쪽 위, 18쪽 왼쪽 아래, 53쪽 중앙 위
Mary Evans 11쪽 오른쪽 중앙, 15쪽 오른쪽 위, 41쪽 오른쪽 중앙, 45쪽 오른쪽 중앙, 58쪽 오른쪽 위, 61쪽 왼쪽 위, 62쪽 오른쪽 위, 67쪽 중앙 왼쪽 위, 69쪽 오른쪽 아래
Eye Ubiquitous 73쪽 왼쪽 중앙
GA Photographers 94~95쪽
Dennis Gibert 3쪽, 102~103 쪽 중앙 위, 102쪽 왼쪽 아래, 103쪽 오른쪽 중앙, 109쪽 오른쪽 아래.
Glasgrow School of Art 74쪽 오른쪽 위
Ralph Burnett 74~75쪽
Greene and Greene Library, Pasedena 76쪽 중앙 위, 76쪽 오른쪽 위
Sonia Halliday 18쪽 오른쪽 위.
Robert Harding Picture Library 앞표지 왼쪽 위, 앞표지 오른쪽 위, 뒷표지 중앙, 4쪽 오른쪽 위, 4쪽 왼쪽 아래, 4쪽 오른쪽 아래, 7쪽 왼쪽 아래, 8쪽 왼쪽 위, 9쪽 오른쪽 위, 19쪽 오른쪽 위, 21쪽 오른쪽 위, 23쪽 오른쪽 위, 25쪽 왼쪽 위, 26쪽 오른쪽 위, 28쪽 왼쪽 위, 29쪽 오른쪽 위, 30쪽 왼쪽 위, 31쪽 왼쪽 위, 32~33쪽, 32쪽 오른쪽 위, 32쪽 왼쪽 중앙, 33쪽 왼쪽 위, 36쪽 오른쪽 중앙, 39쪽 오른쪽 아래, 40쪽 왼쪽 위, 40쪽 오른쪽 위, 45쪽 왼쪽 위, 46쪽 왼쪽 위, 54왼쪽 중앙, 54쪽 오른쪽 위, 56~57쪽, 57쪽 오른쪽 위, 71쪽 왼쪽 위, 85쪽 오른쪽 중앙, 88쪽 왼쪽 아래, 93쪽 오른쪽 중앙, 96쪽 중앙 위, 108쪽 오른쪽 아래, 109쪽 왼쪽 아래
Michael Hoptins and Partners / Richard Davies 103쪽 오른쪽 위
Angelo Hornak 2쪽, 6쪽 중앙, 12쪽 왼쪽 중앙, 26~27쪽, 27쪽 중앙 아래, 42~43쪽, 42쪽 오른쪽 위, 58쪽 왼쪽 위, 66~67쪽, 67쪽 중앙 위
Hulton Getty 11쪽 오른쪽 위, 49쪽 왼쪽 위, 67쪽 왼쪽 위, 68~69쪽, 81쪽 오른쪽 아래, 93쪽 오른쪽 위
Kansai International Airport Co Ltd 7쪽 오른쪽 위, 106쪽 오른쪽 위, 107쪽 위, 107쪽 오른쪽 아래
A. F. Kersting 앞표지 왼쪽 중앙, 앞표지 중앙, 뒷표지 왼쪽 아래, 5쪽 왼쪽 아래, 6쪽 왼쪽 위, 10~11쪽, 30~31쪽, 30쪽 왼쪽 아래, 36~37쪽, 40~41쪽, 41쪽 왼쪽 아래, 54~55쪽, 58~59쪽, 59쪽 왼쪽 아래, 61쪽 오른쪽 위, 62~63쪽, 96쪽 왼쪽 위
Ian Lambot 뒷표지 오른쪽 중앙, 1쪽, 5쪽 오른쪽 위, 100~101쪽, 100쪽 오른쪽 위, 101쪽 오른쪽 위
Le Corbusier Foundation © **ADAGP, Paris DACS, London 1997** 84쪽 오른쪽 위,84쪽 왼쪽 중앙(도면), 84쪽 왼쪽 아래(Janos Marffy가 다시 작성한 르 코르뷔지에의 도면)
Link 17쪽 왼쪽 위
Mansell Collection 42쪽 오른쪽 아래
Simon Murrell 23쪽 왼쪽 위, 46쪽 오른쪽 아래, 90쪽 왼쪽 중앙, 100쪽 오른쪽 중앙, 105쪽 왼쪽 위
Museum of Scotland, Edinburgh 20쪽 왼쪽 아래
National Palace Museum, Taiwan 38쪽 왼쪽 아래
National Trust Photographic Library 50왼쪽 중앙, 50쪽 오른쪽 위, 51쪽 왼쪽 위, 81쪽 왼쪽 위, 81쪽 오른쪽 위
Moh Nishikawa 앞표지 오른쪽 중앙, 16~17쪽, 52~53쪽
Renzo Piano Building Workshop, Geneva / Stefano Goldbert 106쪽 왼쪽 아래, 107쪽 아래, 107쪽 오른쪽 중앙
Resource Photo / Pankaj Shah 22쪽 오른쪽 위, 22쪽 왼쪽 아래, 23쪽 오른쪽 중앙
Rotal Pavillion Art Gallery and Museums, Brighton 63쪽 왼쪽 위, 63쪽 오른쪽 위
Kenzo Tange Associates 95쪽 왼쪽 위, 95쪽 오른쪽 위
Trip Photographic Library 21쪽 오른쪽 중앙, 22~23쪽
***Temple Expiatore* of the Sagrada Familia, Brcelona** 72쪽 오른쪽 위
Scala 42쪽 왼쪽 아래
South American Pictures 20~21쪽
Roger-Viollet 85쪽 중앙 위
Michael Wilford and Partners Ltd 98쪽 오른쪽 위, 99쪽 오른쪽 위
Frank Lloyd Wright Archives 78쪽 오른쪽 위, 프랭크 로이드 라이트의 도면들(copyright © Frank Lloyd Wright Foundation)
Zefa 뒷표지 중앙 위, 뒷표지 왼쪽 중앙, 5쪽 오른쪽 아래, 8~9쪽, 8쪽 왼쪽 아래, 12~13쪽, 18~19쪽, 24~25쪽, 36쪽 오른쪽 위, 38~39쪽, 39쪽 오른쪽 중앙, 44~45쪽, 56쪽, 57쪽 왼쪽 위, 67쪽 오른쪽 위, 92~93쪽, 92쪽 오른쪽 위, 93쪽 왼쪽 위, 99쪽 왼쪽 위

감사의 글

이 책을 작업하는 내내 헌신적으로 도와준 닐 로클리, 사이먼 머렐, 줄리 오턴, 데보라 파우널, 그웬 에드먼즈, 크리스틴 윈터스에게 감사의 말을 전하고 싶다. 그리고 나를 격려해준 션 무어에게 감사한다. 책을 쓰는 동안 이따금씩 자리를 비운 것을 잘 참아주었던 사거 스티븐슨 건축의 모든 이들에게 고맙다. 언제나 곁에서 힘이 되어주는 멜러니와 루이스에게도 감사를 전한다. – 닐 스티븐슨

지은이 닐 스티븐슨

1979년부터 1984년까지 영국 뉴캐슬 대학에서 건축을 공부했다. 도쿄에서 단게 겐조와 함께 건축 작업을 했고, 런던에서 건축가로 활동했으며, 영국 맨체스터에서 사거 스티븐슨과 함께 도시 재개발 프로젝트를 이끌었다. 맨체스터 건축 학교와 리버풀 대학에서 교수로 재직했다.

옮긴이 이영아

서강대학교 영어영문학과를 졸업하고 전문번역가로 활동 중이다. 《웬디 수녀의 미국 미술관 기행》, 《오페라의 유혹》, 《키스의 재발견》, 《옥스퍼드 세계 영화사》(공역), 《웬디 수녀의 명상》, 《세상을 바꾼 건축》, 《오메가 스크롤》, 《아름다운 거짓말》, 《페리 이야기》 등을 우리말로 옮겼다.